药苑风华

大学生活指导手册

记录大学生活　见证青春成长

主　编◎季　勇

副主编◎韩　峰　段振东

参　编◎孙向超　吴雁鸣
张　沛　胡　箫
黄佳惠　钱缪利

華中科技大學出版社
http://www.hustp.com
中国·武汉

内容简介

本书收录南京医科大学药学院学子在大学生活中成长与奋斗、思考与进步的故事和心得，分为药苑榜样、爱我药学、彩炫生活、社会服务、药苑美文版块。

本书旨在为大学生迅速融入校园生活提供参考与指南，激发大学生热爱校园、热爱学习、热爱生活、热爱专业的热情，更好地为国家医药卫生事业发展和全民健康贡献力量。

图书在版编目(CIP)数据

药苑风华：大学生活指导手册/季勇主编. —武汉：华中科技大学出版社，2020.6
ISBN 978-7-5680-6323-4

Ⅰ.①药… Ⅱ.①季… Ⅲ.①医学院校-大学生-学生生活 Ⅳ.①G645.5

中国版本图书馆 CIP 数据核字(2020)第 107569 号

药苑风华——大学生活指导手册 季 勇 主编
Yaoyuan Fenghua——Daxue Shenghuo Zhidao Shouce

策划编辑：居 颖
责任编辑：张 琴
封面设计：廖亚萍
责任校对：刘 竣
责任监印：周治超
出版发行：华中科技大学出版社(中国·武汉) 电话：(027)81321913
武汉市东湖新技术开发区华工科技园 邮编：430223
录 排：华中科技大学惠友文印中心
印 刷：武汉科源印刷设计有限公司
开 本：710mm×1000mm 1/16
印 张：15
字 数：260 千字
版 次：2020 年 6 月第 1 版第 1 次印刷
定 价：49.80 元

前　言

南京医科大学药学院成立于2002年。发展至今，已有教职员工110余人，在校本科生800余人，研究生180余人。学院所培养的毕业生遍布于国内外医药行业，为国家医药卫生事业发展和全民健康贡献着力量。

习总书记指出，青年一代有理想、有本领、有担当，国家就有前途，民族就有希望。在新媒体时代，我们要善于运用新的媒体平台来服务和引领广大青年学生，要融合专业特色，彰显时代精神和社会主义核心价值观，营造清朗的网络思政空间，打造出贴近当代大学生学习生活、富有青春气息的宣传阵地。

药学院微信公众号药苑风华于2015年5月设立运营，致力于宣传学院文化、传递新闻信息、展示校园生活、凝聚师生情感，是学院的思想引领平台，也是学生的成长展示舞台。如今，它已经陪伴药学院师生走过5个年头，成为药学人共同的守望。

药苑风华里有榜样。优秀的学生、敬业的老师用自己的努力为药学人树起标杆，点亮药学的星空。

药苑风华里有成长。用心写就的文章、用心制作的视频，记录着青春成长的足迹；从迎新到毕业，绘制药学生的成长图谱。

药苑风华里有精神，“精诚于人，精心于药”的院训已经融入学生活动当中，融入老师的书本和课堂，成为药学人共同的价值追求。

在药苑风华五周年之际，我们精心整理公众号里的推送文章，并进行分类编辑。我们把这本书献给全体药学师生，重温过去，展望未来，希望大家肩负药学人的使命，不忘初心，不负韶华，砥砺前行！

教授、博士生导师

南京医科大学副校长

目 录

药苑榜样

YAOYUAN BANGYANG

导语

何为榜样？榜样是一群并未怀有信仰却对自己的理想抱有足够忠诚的人，他们拥有不被时间、欢乐和逆境触动的内心。他们并非像夜空中繁星般触不可及，他们是我们身边一盏盏温暖的明灯，是我们明天可以成为的下一个自己。

在“药苑榜样”这个版块，你可以看到他们对自己的诠释、属于他们自己的理论；可以感受到他们在理想路上的寂寞与困惑，始终不变的来自内心的渴望。回望来时路，他们有许多话想与你说……

药苑嘉人

挑战自我，勇于尝试，用汗水书写恣意青春

——访药学院学生会副主席刘姗姗

霸气，对于常以学生会主席团成员的身份出现在大家眼前的她，可能很多人会这样评价。

今天，大家一起来了解一下这位霸气的主席团成员吧！

韶光催人老，转眼间我们已站在青春的最后一站，回望过去，我们大多在遗憾着自己的青春耗在了茫茫题海，遗憾着自己不曾感受青春的恣意飞扬，但我们不应该在无尽的抱怨中蹉跎了这青春最后的时光，而是应该像刘姗姗一样，用自己的执着与努力，为自己的青春画上最完美的句号。最近，我们有幸采访到了刘姗姗，那么，现在就让我带你们走进真实而又不一样的她。

作为学生会主席团的一员，刘姗姗给我的第一印象是大气、稳重。她对自己抱有十分的自信，她认为作为一个女生，无论先天条件如何，一旦开口，必得透出满满的自信，这样不但能给别人留下不错的第一印象，还能为自己开创出另一片天地。关于学弟学妹们中流传的"霸气"一说，她坚决否定："我很逗的，如果我们很熟的话，我会让你笑个不停。我的严肃只限定于特定场合，而且那种感觉是自然而然的，个性使然吧。"确实，主席团的工作是很磨炼人的，不仅要求成员具有出色的工作能力，还得兼顾学习。能在学习、工作和生活模式中任意切换，刘姗姗无疑做得很棒。

刘姗姗说她并不怎么在乎别人的看法，毕竟大学校园这么大，不认识的人这么多，认识的人也众口难调，做好自己其实是最重要的。她喜欢跳舞，她不断地强调是真的很喜欢，我能强烈地感受到她对舞蹈的执着，同时我也相信热爱跳舞的人有一颗自由独立的灵魂。除此之外，闲暇时间，她还会看看书和电影，让自己在忙碌的生活里沉淀下来。她鼓励大学生多去参加一些自己感兴趣的活动，有一件能让自己长期坚持下去的事情是再幸福不过的了。她说大家都还年轻，多参加一些活动总是好的，不参加就永远不会知

道自己有多能干。我想这就是她为什么能在十佳舞台上笑到最后的原因——敢想，敢做。

作为一名药学生，刘姗姗的理想是当一名大学教师，有自己的实验室，搞研究。她说，无论是医学专业、药学专业还是医学相关专业，都需要活到老，学到老。为此她已做好准备，读研、考博、出国深造，终身学习。我们有理由相信，优秀的人终有一日会实现自己的学术追求。

每个人都有自己的人生轨迹，我们无法复制刘姗姗的人生，但我们却可以和她一样，为自己的梦想执着，让自己的青春飞扬。当我们走出青春这座华丽古堡的时候，但愿前方是一条洒满阳光的大道。

看完对刘姗姗的采访，大家是不是收获很多呢？霸气只是她的一小面，在其他面展现出来的是一位有着坚定理想、敢想敢做的女子。

药苑嘉人|游黛婷:陪伴是最长情的告白

我陪了你多少年,花开花落,一路上起起跌跌。

——题记

亲爱的“大妈”:

你好!

你还记得我吗?我是那个一直陪伴你的人,也许你不曾注意到我,但我一直默默关注着你。看着周围人一个个脱单,你却说自己忙着学习,忙着工作,哪有时间谈恋爱。我想对你说:不管他人如何,我一定陪你走到最后。此刻我坐在窗前,香茗的热气升起,关于你的朦胧的记忆慢慢浮现……

印象深刻的是不久前的迎新晚会,大一大二参加过许多文娱活动的你被要求负责整个晚会,可只有我知道你其实并没有经验。没有前人带路,也没有样本参考,突然板起面孔变成领导者也是头一次,但你只是弯起嘴角,将所有决心埋进无数个早出晚归的身影里。我还记得第一次彩排的混乱场面,你深吸一口气,一个个节目纠正。这天晚上,我看着你在台灯下写了不知几页的总结与反思。我想对你说,你是第一次,做不好也没人会怪你呀。但我知道你会习惯性地笑靥盈盈:“我做了,就要做到最好。”最后的结果是出乎意料的满堂喝彩,回想起大家脸上满意的笑容,你在回宿舍的路上情不自禁地蹦蹦跳跳。

我一直相信你的实力,也佩服你的活力。多才多艺的你在“舞林大会”、服装设计大赛上均获得了优异的成绩。陪着你的这段日夜,我竟然也耳濡目染地学会了韩语,对我而言,最美好的日子,便是默默地与你一起,一遍遍重复观看韩国综艺节目,一句句翻译成中文,一字字打成字幕。这是你的爱好,更是我的欢喜。

记得你在大二的尾巴上,代表了药学院参加国际大学生药苑论坛大赛。因为要做有关糖尿病患者的调查,于是你在暑假时选择待在了学校,不论清

晨还是日暮，你总是拖着我，一次次地用脚丈量从宿舍到医院的距离。身边的同学陆续回家，而我们竟在这里待满了整整两个月。之后的论文鏖战，我还清楚地记得老师扔来的那本厚厚的书叫作《统计学》。看到自学数据分析时你崩溃的表情，我居然感到了心碎。你自暴自弃地在床上躺了两天时，我是多么焦急。我的“大妈”怎么会认输？某天早上，你猛地坐起来，我清楚地听见你的心在呐喊：“没人能帮我，我要自己来！”

在阅读了几百篇论文，翻烂了《临床药学导论》，无数次被退稿后，我已经接近了崩溃的边缘；而你仍是笑眼弯弯，蹦蹦跳跳，只有我明白你度过了多少个挑灯夜战的不眠夜。台灯的光芒把我变得很长很长，我在身后看着你，只觉得那挺直的脊背透着你的决心和坚定。最后，你终于写出了 7000 字的论文，得到了不知多少肯定，他们都在夸你厉害。

你总是这样，“不会做”这三个字对你而言从不算完不成的理由。你的笑容从始至终地挂在脸上。看着你的背影，只觉得你的一步步是这样勇敢而坚毅。你说：“不为则不为，为之，极也。”与你相遇，是我的骄傲，患难与共，更是我毕生的幸运。

你的影子

2016 年 11 月 28 日

注：本文中的“大妈”为 2015—2016 年度费孝通德育奖学金获得者游黛婷。

游黛婷同学，大学入校以来综合测评一直名列前茅，德育、智育、科研创新全面发展，是校园文化活动的多面手。曾获得“费孝通德育奖学金”“校一等奖学金”“校二等奖学金”“校优秀三好学生”，并多次荣获“优秀共青团员”称号。她负责的慢性病咨询与服务团队在 2016 世界大学生药苑论坛暨第九届全国大学生药苑论坛上荣获创新成果一等奖。

药苑嘉人|
张雅如：春夏秋冬泯和灭，只为完美表演

九月，是夏日的小尾巴，但它的清晨已深切进入了清冽的秋天。一抹晨曦率先刺破黑夜，随后而来的是一束束光线渐渐凝聚，照亮了又一个早晨。一阵风吹过，美丽的姑娘将眼前的发丝挽到耳后。

微不可闻的一丝脆响，一片青叶飘下了枝头，在空中旋转着落下，张雅如随手关上了训练室的门。

天是蓝的，衬得云很白，不知哪朵云后，飞出了白鸽。掠过天元湖灰蓝色的湖面，飞过逸夫楼的“大铁罐”，悠悠停在体育馆的屋顶。

体育馆顶部的裸灯照得每个角落都透亮，新生还没入场，开学典礼快要开始，学校乐团从侧门踏着红毯前来，张雅如身处其中，拿着她的圆号。当她站定时，似是秋日下的花，安静、端庄。

这已经是她参加的第三次开学典礼了。

就像大河在其发端处最是活泼、欢闹，最初时刻的美好总是最易让人铭记。新生们带着新鲜好奇的面颊和“怦怦”跳的小心脏入场时，整个场馆飞起飘扬的曲调。

张雅如抬头撞见了一张张青涩的面孔，看着相互打闹的他们，仿佛在别人的眼中看到当初的自己——怀着一份小心翼翼，带着一对羽翼，渴望展翅，又怕受伤。

想着想着已翻开下一张谱，她抿了抿嘴，手指灵活而轻快，跟着指挥，熟练地吹奏起了这首歌。这首歌她在 2015 年的新生典礼上吹奏过，不过，那时，不抵现在。

在南京医科大学(下文简称南医)待着的这将近两年零两个月里，春夏秋冬泯和灭，她走过格桑花海，走过月光下的图书馆台阶，走过一个个教室。最清晰的，是每个天蒙蒙亮的清早，宿舍的帘子透出一点点的光照到她的眼睑，她就放下对床的贪恋，轻手轻脚地起身，洗漱完后，“啪嗒”地小声关门，去练习圆号了。

第一次登台是在2015年的新生典礼。现在回忆起来,除了台上的紧张忐忑外,更多的是之前紧凑的排练。十多首歌的连奏,无休的练习,从高音降到低音,她吹得两腮发酸发痛。快节奏的曲调和难以把控的节奏让零基础的她即使已经练了一年也有些力不从心。手指练酸了,就甩甩再来;有些耳鸣了,就再按一按。总有些时候得她自己一个人熬。

台下黑压压的一片,零星散布着眼镜片的反光,闪烁跳跃。雅如擦了擦手心里的汗,深深吸了一口气。

乐器已经有些年岁,仍像个老兵,坚守阵地,履行职责,但不可避免地有些碰擦,有时不得不停下来安抚岁月留给它的伤痕。

随着长笛芭蕾舞曲轻快的叮叮咚咚,雅如的手重新放在了圆号的按键上,当指挥家的手一挑,她也加入了演奏。

谱曲早已熟烂于心,美妙的合奏,有山泉的叮咚,有燕子的呢喃,有微风中塔铃的清响,有细雨拍打树叶发出的沙沙声,大提琴的深沉,长笛的婉转,单簧管的清悦,长号的雄浑,当然听得最真切的是自己圆号的踏踏实实。

回想起当年作为新生参加的那场开学典礼。那年的开学典礼,是另一群比自己年长的学生们在台上为新生表演,那时候她就被深深地吸引了,如水的旋律在体育馆里随意流泻,让扣动心扉的音律在心灵间盈盈飘飞。闭上眼睛,静心聆听,水晶般的音符,在不同的乐器里变换着不同的调子,不同的情怀,不同的意境。她便暗暗下定决心,自己也要成为管乐团的一员,有一天也能在台上演奏。

入选之路长而艰难。首先是面试,其次是乐理的笔试,再次是节奏的面试,最后是分声部老师的挑选。这还不足以能让你松一口气,因为随时都可能再被淘汰。所以她不敢有一丝松懈。

音乐声停止了,屋顶的白鸽还未接受这变化,扑腾着翅膀,绕了一圈又一圈,直到确认不会再有那声响,才飞入了不知哪朵云里。秋风走过这里,带走了唯一可能留存的余温。

一切轻薄得像是没来过一样。走在柏油马路上,几十片绿叶在空中翻腾、飞舞。更有一片落在了姑娘的头顶,她轻轻取下,轻轻放开。时光不曾单薄,有人记得,有人在继续向前。

张雅如,南京医科大学药学院临床药学专业2014级学生,乐于参加学校各类活动,先后担任过组织部副部长、药学院团总支副书记等职务。曾作为管乐团成员参加淮安中学演出、省人民医院80周年校庆、团支部拉力操等文体活动。获得第六届药学化学实验技能操作大赛知识竞答三等奖、媒体宣传先进个人、院优秀团员等荣誉奖项,是药学院知名"小仙女"之一。

药苑嘉人|
学生会主席养成记:矛盾中成长的董泽中

2014 年的南京,九月。嘶哑的蝉声撕扯着末夏的燥热,泛滥的白光印着南医 14 级新生稚嫩的笑容。

憧憬,期待,害怕,三个矛盾的词语从董泽中脑海中蹦出。他轻叹一口气,细微的,很快便淹没在嘈杂的人群中。一直都是个矛盾的人啊,董泽中心想。从什么时候开始的呢?

南医很小,又很大

九月的风,氤氲着桂花的香气。漫步在校园里,董泽中感叹,真的是很小的学校啊,半个小时不到就可以赏完所有风景。在这个迷你的校园,能发生什么呢?一段轰轰烈烈的爱情?一场热火朝天的篮球赛?一次紧张激烈的辩论赛?小小的校园突然放大起来,一幕幕未来生活的图景在他面前铺展开来。董泽中深吸一口气,大跨步向前走去。你好啊,南医,接下来几年,请多多指教。

体委或班长?那是一个问题

鲜活的班级,开放的氛围。开学的班委选举,董泽中是参加了的。那时的他,脸上还有未退去的稚气,报了个体育委员。只是试试看的心态,却不曾想到,竞选过程中,他认真的眉眼、自信的表达深深吸引了老师和同学,最后被选为班长。知道选举结果的董泽中,是诧异的,然而更多的是喜悦。

后来,董泽中回忆这段担任班长的日子,有着焦糖玛奇朵的感觉。苦涩是有的,单调重复的开会通知,但枯燥中又有那一丝幸福,当班级在自己的领导下越来越团结时,当同学们的成绩一点点提高时,那份幸福更是溢满了心间,甜得发齁。

我可以，为什么不去试试呢？

很多人会积极地参加学生会，却不是所有人都有勇气竞选学生会主席。从大一的班长，大二的学生会成员，董泽中一步一步脚踏实地向前迈进。几年的积淀，让他从稚气的少年蜕变为成熟的男人，他为自己的进步感到欣喜。在学生会的工作，让他找到了自己的价值，学生会给他提供了一个舞台，在这里，他的精彩被无限放大。他自信，他沉稳，当得知竞选学生会主席时，他积极报名参加，出色的表现获得了大家的一致赞可。

那么，怎么才能在学习和工作之间找一个平衡点？

不管怎么说，学习应该是大学的主旋律。繁重的工作常常压得董泽中喘不过气来，他也曾有过迷茫时期，不知怎样才能平衡学习与工作。那段时光真是黑暗啊，永远忙不完的工作，无暇顾及的功课，让他焦头烂额，他就像不断旋转的陀螺，没有停下来的时刻。董泽中是理性的，他开始调整自己的生活，上课时把手机调成静音，毕竟上课的效率很重要。周末抽出一天泡在图书馆里，没有工作干扰，将自己全身心投入学习里去。

小丹阳活动，爱与成长

每隔十年，学院都会资助一位贫困生，承担他上学期间的一切费用。学院前几年资助了一位小丹阳女孩，女孩毕业了，要准备一场总结晚会。董泽中印象特别深刻，晚会要准备很多资料，他必须得一个个联系学长学姐，不停地打电话，做记录……焦头烂额的一段时光。为了做得更好，整个团队大半年都在不停地忙碌，每一个文字，每一段配乐，都凝聚着汗水。演出那天，观众只感受到了震撼，而董泽中和他的团队，看到的是爱与成长。

夜晚的南医最是静谧。月华如水，董泽中在电脑前敲着字，键盘声打破了一室的静寂，手机屏幕还在不停闪烁。时间在指缝间慢慢流过，终于写好了策划，董泽中大大地伸了个懒腰，瞥向窗外，夜已经全黑了，今天结束了，明天又会是忙碌而充实的一天！他感叹，人生啊，不就是在这一个个矛盾中度过的吗？

董泽中，南京医科大学药学院药学专业2014级学生，先后担任班长、学生会副主席、学生会主席等职务，工作认真负责，活跃于学校各类活动。

药苑嘉人｜
刘文瑄：唱歌是缤纷世界的一部分

“我们去大草原的湖边，等候鸟飞回来。等我们都长大了，就生一个娃娃。他会自己长大远去，我们也各自远去。我给你写信，你不会回信，就这样吧……”我院刘文瑄同学在5月10日的校园十佳歌手大赛中凭借一首《如果有来生》成功晋级决赛，并最终取得了亚军的好成绩。

“参加十佳歌手大赛的原因很简单，就是想把自己喜欢的歌唱给更多的人听。”谈及此次参加十佳歌手大赛的初衷，刘文瑄如是说道。对于刘文瑄来说，相较于比赛过程中所带来的独特的体验和感受，比赛本身并不是那么重要。“这次比赛给我特别大的触动就是身边的朋友对我的支持，班上的同学以及学姐学长学弟学妹们在台下为我欢呼的声音让我在台上都要感动哭了。”除了获得身边好友的关心外，刘文瑄还用音乐收获了一票好友。“参加十佳歌手大赛的小伙伴们大多不是为了名次，只是想把喜欢的歌唱给更多的人听。”一样的初衷，再配上音乐的切磋交流，岂有不成为好友的道理？“我们从初赛到决赛期间，会经常约唱约吃，感觉大学的生活真的因此而丰富了很多。”

但是现实总是骨感的，比赛终究逃不过残酷的PK。“第二轮比赛抽签的时候抽到了王子伊，我内心几乎是崩溃的，跟自己特别喜欢的朋友上台PK，内心的感受真的特别复杂，哪怕我赢了PK赛，也没办法开心地进行下一轮比赛。”但友谊的小船是不会因为一场简单的比赛说翻就翻的。“最后一轮比赛，我带着王子伊同学的那份希望，用心地演唱了那首《我们的爱》，希望在场的同学能够感受到爱一去不复返时的撕心裂肺。”

拥有这样惊艳的唱功，当然不是一朝一夕的事情，刘文瑄同学可是从小就对唱歌“执迷不悟”。“小时候在一个学电子琴的小伙伴的带领下走进了音乐的世界，后来又学习了古筝，越来越喜欢唱歌，每天洗澡的时候都在浴室里开演唱会。当然，我们可不是随便唱唱的，我们很专业的。”刘文瑄同学说。她小时候参加过学校举办的各种唱歌活动，一直在学校的合唱团，后来还被推荐到市少年宫的合唱团，参加各种比赛和表演。“参加过最大的演出就是作为一个‘小水滴’参加了《同一首歌》这个节目。”事实证明刘文瑄是专业的。

“唱歌是我生命的一部分吧，没有音乐会让我觉得世界很无趣。”唱歌对于刘文瑄来说，是缤纷世界的一部分，我们也衷心地希望刘文瑄用歌声点亮更多人的生活。

药苑嘉人|陈培:保研路上,雪莲花开

她是一个学习上不走寻常路的姑娘,从基础医学转到药学,放弃本校保研去冲击外校,周末也不只是与图书馆相伴。

她的生活有自己的风格,喜欢旅游,喜欢摄影,就像她自己说的,或许这可以拓展人生的宽度,留下感动的瞬间。

她,精致的小个子里承载着有趣的灵魂。她是陈培,2015 级药学专业第一名,成功保研至四川大学华西医学院。

前路未卜,心为明灯

你有特别喜欢的专业吗?你以后想从事什么职业?你现在对未来有明确规划吗?一问三不知,这就是现在很多大学生的现状——迷茫。

陈培也不例外,她也曾不知所措过。在基础医学院,经过一年的学习,她发现自己对医学并不感兴趣。想到高中一直是化学成绩最为拔尖,她便放弃了转入临床医学的念头,果断地转到了药学专业。或许在那时,这个决定令人费解,但现在她用事实证明,当发现心中的指南针摆动不定时,静下心来思考自己究竟喜欢什么,擅长什么,找准方向,才能让自己更有冲劲和动力。转专业后的她其实也不知道未来会发生什么,但至少她找到了自己的方向。

而人生其实就是这样,我们都要不断地面临选择。

2018 年 9 月,陈培凭借优异的成绩获得保研资格,但是选择本校还是外校呢?选择外校,不仅要联系外校导师,参加训练营,还要获得本校的保外校资格,每一次筛选都有风险,一旦选择外校保研,本校的保研资格就等于放弃了。谁也没有把握自己能通过层层选拔走到最后,但陈培没有犹豫,她知道自己想要什么。为此拼尽全力,便无怨无悔。

我们无法预测未来,但我们不能没有方向。前路未知,却不迷茫。

努力是幸运的注脚

采访过程中，陈培总是在说一句话："我真的很幸运！"

是啊，外校保研条件苛刻，竞争对手有很多是"211""985"的学生，专业能力是老师评估的重要指标，夏令营的表现也十分重要。

"很多保外校的同学往往会进入不了自己理想的大学，这很正常，但我比较幸运，我正好通过了喜欢的四川大学，可以回到家乡。"

刚去夏令营的时候，其实陈培不占优势，很多实验操作是她不曾接触过的。在起跑线低于其他人的情况下，她没有怪自己运气不佳，而是跟老师沟通协调后，利用休息时间勤加练习，果然在短时间内跟上了大家的步伐，而且在最后的操作中表现良好。

为了让导师更好地了解自己，她多次约老师面谈。"不要想着夏令营的那短短几周让导师记住你，约见面真的很重要。面谈的时候，我们聊到的几个实验正好在以前实验课上做过，真的很幸运，我因此能轻松答上老师的问题。所以实验课真的要认真学习、体验，说不定哪天就用上了。"

作为组织者，陈培组织同城市的同学一起去夏令营；在和导师见面时，不忘带上一份纸质的简介资料；夏令营结束后，不是干等，而是主动与导师取得联系，多次沟通。

她说她很幸运，但或许就是这些点点滴滴的努力，成就了她的幸运。

大学生活没有范式

很多人对学霸有疑问，"你这么优秀，大学只剩下学习了吧？"恰恰相反，陈培认为，大学生活没有范式，每个人都可以有自己的风格。

只要不是考试月，课后、周末，她都有自己的安排：旅游，摄影，和同学出去吃喝玩乐，部门工作……大学生活的丰富与否，其实是自己把握的。

对于工作，陈培从没有过工作与学习的冲突感。"我觉得既然是工作，就要有责任心。在接工作之前，应该估计好自己的能力，学习之余是否还有足够的时间去完成好交给我的工作。是否加入社团也是根据兴趣和时间决定的。"

除了学习和工作外，在大学谈一场恋爱也是大家所憧憬的事情，陈培觉得只有相互鼓励，一起进步，缘分到了，才有美好。如果是看大家谈恋爱了自己也想试试，这样的恋爱是没有意义的。

生活的标尺在自己心中，而不是在别人的手上。

陈培就像一朵盛开的雪莲花，如它的花语一般——满怀希望，勇往直前。愿你未来的日子阳光依旧。

作为学姐她也留下了自己对新生们的祝福："大学又是一场全新的旅程，希望学弟学妹们勇于尝试，勇于探寻，也要勇于坚持。求学之路，永无止境。"

药苑嘉人|杨秋普:有荷在心,何患雨季

曾经害怕当众展现自我,

曾经羞涩说不出英语,

曾经毅然去肯尼亚一所孔子学院任教两年……

我们很难把这些与今天要介绍的主人公联系在一起,眼前这个温婉如玉、落落大方的女子正是我们药学院的新任辅导员——杨秋普。

曾经的她,高考失利后选择复读,在这期间,她刻意把自己放低,告诫自己:“你不是一个聪明的人,要对自己狠一点。”经过一年的沉淀与努力,她考上了南京农业大学。于此,她说:“人生似乎越痛苦时成长越快。”

然而,她精彩的人生故事,并没有告一段落。

读完本科保送本校读研,在研究生毕业前夕,她无意间看到肯尼亚埃格顿大学孔子学院招聘汉语教师志愿者的通知。从小就有一个教师梦的她,尽管知道录取概率微乎其微,仍然抱着试一试的心态报了名。她自己都没有想到的是,她通过了面试!是运气?不,是多年的自我积累沉淀。不顾家人反对,甚至明知此时埃博拉病毒正在肆虐非洲,她毅然提上行李,来到了非洲,来到了这个她“青春所向,心中天堂”的地方。

但是不同地域的文化差异,还是让她有一些不习惯。她尝试融入当地文化中去,并以传播中国文化为首要任务。很快,一年的任教生活转瞬即逝,跟学生们逐步建立起来的感情让她不忍离去,她选择再留任一年。

在谈到这一段经历的时候,杨老师形容这是她“一生的财富”“永远不会后悔,或许无关梦想,只因悸动青春”。

在聊到为什么会选择这个职业时,杨老师笑着说:“我来自河北的一个农村,刚上大学时有很多不适应,当时辅导员给予了我很多帮助,所以我想将这份爱传递下去,努力成为同学们的知心朋友和人生导师。”

同时,杨老师也给同学们提供了几点宝贵的经验:

(1)抓住机会。既要学好专业知识,也要把握住展现自我的机会,做一个自信的人。

(2)调整心态。从高中进入大学,难免会有一些不适应,做好自己,快乐生活。

(3)自主学习。认真对待每一堂课,每一场考试。

杨老师对同学们的期望

"人生的每一步都很幸运,生命中的贵人帮我指路助我成长,很感激经历的一切,就像李宗盛说的那句话,'人生没有白走的路,每一步都算数'。若有荷在心,又何患长长的雨季。我相信越努力越幸运,也希望药学院的你们在最美的年华遇见最美的自己,一生温暖纯良,不舍爱与自由。"

药苑嘉人|孙向超:这个老师,不太一样

他在今年药学院迎新晚会上压台出场,迷人的歌声,洒脱的台风,赢得满堂喝彩。

他是篮球场上身手矫健的运动健将,三步腾空,带球上篮,潇洒帅气。

他也是那个军训时陪学生头顶骄阳,休息时跟学生打趣逗乐,学生遇到困难时一转身便能看到的人。

他就是我们的辅导员——孙向超。

这个老师,不太一样。

孙老师是一位来自山东青岛的学霸。他获得过山东省数学竞赛一等奖,高考中满分150分的数学他轻轻松松考了147分。大学期间更是获奖无数——校三好学生、优秀团干、科研奖学金等等。研究生期间还在《心理科学》《心理科学进展》等核心期刊上发表多篇论文。这样妥妥的一名学霸说,在大学这样一个自主学习的阶段,专注于课堂往往能事半功倍,提高效率是学习的最佳途径。Work hard,play hard!

除去每天不算太长的学习时间,大把的空余时间孙老师会用来干什么呢?是颓在宿舍打游戏还是躺在床上放空?当然都不是。如果没有当老师,或许他已经成为歌坛新星了。从校园十佳歌手,到浙江省大学生艺术节十佳歌手,再到《中国最强音》,他的歌声征服了无数评委观众。

或许你难以想象,拥有如此歌喉的他,同时也是一名体育健将。校运动会羽毛球赛男子单打冠军,跳绳冠军,篮球三分亚军……如果现在你恰巧从南医的球场经过,或许,你就能看到他三步腾空,带球上篮的身影。就是这样一位多才多艺的老师,作为艺术团团长带着艺术团团员到各地义演;就是这样一位心怀感恩的老师,不远万里去湘西支教;就是这样一位活泼如大男孩儿般的老师,总能与学生们打成一片却又不失领导力。

如此德才兼备的他,放弃了其他可能,坚定地选择了老师这一职业。在

孙老师看来，师者，所以传道受业解惑也。它没有篮球球员那么激情澎湃，没有歌手那么璀璨夺目，但它是传承，更是情怀。

“我从小就希望有一个角色的反转，从受到授，以师者的身份回馈社会。”

提到对新生关心的社交问题，孙老师有自己的看法。刚开始进大学如果感觉到孤独，可以找到一个同学，跟他接触，慢慢敞开心扉，由个人到群体。在大学中，社交也必不可少，它有助于我们将来顺利步入社会，它有助于我们进行自我放松。

至于恋爱，孙老师笑眯眯地只说了一句话：“在不影响学习的情况下一切都是美好的。”

彩蛋——快问快答

1. 现在是单身贵族还是……

保密。

2. 真实身高有多高？

192 cm。

3. 相信一见钟情还是日久生情？

日久生情。

4. 你平时喜欢什么运动？

篮球、台球、羽毛球。

5. 感性和理性，你属于哪一类？

理性。

6. 双方交流中，你觉得你是一个倾听者还是倾诉者？

倾听者。

7. 周末不上班待在家你会干什么？

睡觉。

8. KTV 必点曲目是什么？

《慢慢》。

真心灼灼，所以步伐欢快但带着沉稳，眼中常有笑意，更有温情。祝愿大男孩般的孙老师初心不变，随心而行。

药苑嘉人|
陈怡君、吴清扬:坚定脚步,摘得星归

爱笑和活泼是她们平素给人的印象,走上竞赛答辩的舞台,她们又变得自信、严肃、从容。她们就是在本届"药学双创竞赛"中由辛洪亮、胡琴老师指导获得特等奖的陈怡君和吴清扬。

今天就跟随着她们,一起走进这次竞赛,走进她们的项目"基于肿瘤还原微环境响应的脑胶质瘤靶向纳米递药系统的研究",走进她们的心路历程。

先了解一下她们此次参加的竞赛。"药学双创竞赛"全称为"全国医药院校药学/中药学世界大学生创新创业暨实验教学改革大赛",由国家级实验教学示范中心联合会和中国药科大学共同主办。2018 年 10 月 17—19 日在天津大学举办第二届竞赛,吸引了国内外共 70 所医药类高校近 500 名师生参与。

药学院在这次竞赛中取得了教师改革项目特等奖、大学生创新创业项目特等奖、大学生创新创业项目二等奖的殊荣。

路途虽远,行则将至

陈怡君和吴清扬都是本科生,没有接触过系统的科研训练,课题的专业性对于她们来说有着很大的难度。刚开始接触课题,她们像是迷航的船,不知该往哪个方向航行。但她们没有就此放弃,自学检索,查阅资料,一次次地询问师兄师姐和老师,终于对课题有了充分的理解。

"这个课题用大家都理解的话来说,就是把普通的抗肿瘤药物制成纳米颗粒,上面加上受体,利用肿瘤环境的一些特性,让药物透过血脑屏障,更准确更高效地运输到大脑胶质瘤部位。"把项目书上的题目变成自己的话表达出来,听者只觉得几句话轻飘飘的,不带什么高深之处,实际上则融入了不知多少个夜晚的挑灯桌前的努力。

不惧挫折，勇敢成长

对课题的理解“守得云开见月明”之后，项目便进入了关键阶段——实验。药剂学实验常常是冗长而复杂的，动辄24小时的反应曾让她们等得心焦，重复几遍仍达不到预期效果曾让她们几乎崩溃，把肿瘤细胞注射到裸鼠的脑内，看着裸鼠们变得越来越瘦，最终死去，曾让她们难过得几天都无法集中注意力。在这个漫长的过程中，心态的变化是在不知不觉中发生的，“其实没有电视剧里演的那种明显的转折点，就是不断失败，不断难过，再继续坚持，这样重复很多次，不知道什么时候开始，感觉跟刚进入实验室时的自己已经不一样了。”

有的时候，实验室里也有许多温情和乐趣。“我们俩刚进实验室的时候像刚进城一样。”对大部分精密仪器一无所知的陈怡君和吴清扬，得到了师兄师姐热心的帮助，再复杂的原理和操作，师兄师姐们全都耐心讲解。实验中出现了问题老师不在怎么办？仪器忘记怎么用了怎么办？找师兄师姐！

“我们也不是只会给他们添麻烦哦。”实验室里有一位研三的师兄做的是脑卒中方向的课题，需要构建脑卒中模型，对50只大鼠进行颈动脉插管，这是一个巨大的工程。陈怡君和吴清扬便去帮忙，从早上六点半开始，中午轮流在实验室吃饭，是真正的流水线式工作。人多速度也快了很多，一天就把50只大鼠的插管工作全部完成。有了这样的经验，后续的兔子插管她们非常熟练，实验速度也得到了提升。

谆谆教诲，润物无声

深知这次竞赛是个国际型的平台，汇集了许多药学领域的大咖和优秀学生，她们在比赛前显得焦躁不安。或许是看出了两位“科研菜鸟”的紧张，韩峰院长、胡琴院长以及带队老师撑着疲惫的身子，在比赛前一天夜里陪她们准备到凌晨。“当站到那个演讲台上的时候，你就是成功的。”老师们的陪伴和鼓励让她们站在答辩舞台上时带着些紧张却不慌乱，能够朝着聚光灯自信地微笑。

初心仍在，重新出发

通过竞赛，陈怡君和吴清扬了解了其他学校的研究成果和药学各个分支的最新研究方向，对自己的定位有了更深刻的理解。特等奖的摘得，对她们来说是肯定和鼓励，也让更多的药学专业的人看到了药学未来良好的发

展前景。

“虽有磕磕碰碰、跌跌撞撞，但当你的实验获得成功时，那份努力获得回报的喜悦，是没有参与的人永远感受不到的。”

接触科研，不仅使实验技能得到提升，更是成长成熟、自我定位的过程。正如陈怡君和吴清扬，“不迁怒，不贰过。”“无伐善，无施劳。”“傲不可长，欲不可纵，乐不可极，志不可满。”她们带着这样的信念不断前行，心有远方，便不惧眼前的沟壑纵横。

药苑嘉人|王心缘：佳期咫尺，梦成归根

弯弯的眼睛，高高的马尾，语调欢快，语气和善——初见王心缘，那种青春洒脱的气息让人印象深刻。

然而，当站在校长奖学金答辩的讲台上时，王心缘一改可爱的形象，自信沉稳，落落大方，丰富的阅历和稳健的台风获得评委们的一致好评，最终顺利获得了我校最高奖学金——校长奖学金。

初获校奖，这背后又有哪些不为人知的故事呢？今天，我们一起来了解校奖得主王心缘的青春故事吧！

Q：大家都知道校长奖学金比较难拿，学姐，当您得知获得校长奖学金时，内心的感受是什么样的？

A：其实从参加学院答辩开始，内心就是有些紧张的，也是想了很久才下定决心去竞选，觉得有了机会，就要去尝试。当真正站在台上的时候又觉得，自己已经很努力准备了，把最好的一面展现出来就可以了，尽全力后便没有太多的遗憾。获得校长奖学金时的感受是满足，觉得是对自己大学学习生活的一种认可；也有感恩，学院的老师一直在尽自己所能地提供平台和资源帮助我们，觉得自己是幸运的。

Q：您觉得获得校长奖学金，需要具备什么样的素质？

A：首先就是要学习成绩优异，达到评奖要求。其次呢，就是希望大家能够准确地定位自己，有的人潜心科研，可以在各级各类刊物上发表高质量学术论文；有的勇于创新，在“挑战杯”等竞赛中摘得桂冠等，希望大家都能够找到自己擅长的方面并为之努力。最后，还要看自己的心态，校奖确实是跟很多优秀的人竞争，不免会有些心慌，所以能够让自己冷静、有很好的心态很重要。

Q：听说您担任过团总支第一副书记和药学院五大机构的联络人，您是怎么安排和协调好学习和工作这两个方面的时间的？

A:其实我觉得没有太多的时间冲突,自己会预先知道该学习的内容和要做的工作,然后主要是在于自己的统筹安排,能够很好地安排自己的时间,注重工作和学习效率。对于我来说,考试月繁重的学习压力下,和主席团的同学们一起开会、一起工作,更像是一种放松,会使心情变得很好。所以希望大家还是能够多做一些学习以外的事情,是一种丰富,也是一种协调。

Q:在学习过程中,您有没有觉得累的时候?如果有,是什么支撑您一直坚持下去的?

A:累肯定会累的,但是学生、学生,本职就是学习,要永远相信学习使人快乐,学习是一场稳赚不赔的买卖。

Q:您有什么想对同学和药学院新生说的吗?

A:大学是人生中非常美好单纯的一段时光,希望大家能够去享受大学的学习生活,学会担当与责任,迷茫的时候也不要停下。兴趣是最好的老师,找到自己的目标与方向。

佳期咫尺,从学习到学生工作,王心缘总是踏实勤奋,将青春染上奋斗的色彩;梦成归根,未来还有更多美好等着她去探索和发现。

愿药学院学子也能追梦不辍,让这些回忆成为你梦醒时分欣慰满足的微笑。

五月的鲜花|觅知音,来听刘妍老师怎么说

刘妍老师的搜寻结果:

1 个回答

提问时间:2018 年 5 月 4 日

[最佳回答]南京医科大学药学院干细胞与神经再生研究所研究员,副所长,特聘教授,博士生导师,江苏省杰出青年基金获得者,入选江苏省双创人才、江苏省“333”工程培养对象和“六大人才高峰”团队。刘妍博士于 2011 年获复旦大学理学博士学位,2008 年赴美国威斯康星大学从事人多能干细胞定向分化与再生医学研究。

AlexBoogie　　9999……999 条好评

履历又是“别人家”系列,但接触过刘妍老师的人都知道,她还是一位年轻漂亮的美女老师,最近又担任了药学院青年教师联合会的主席。于是我们在五四青年节来临之际,对青年教师刘妍进行了专访。

Q:刘妍老师,您最近担任了我们药学院青年教师联合会的主席,您可以跟我们简单介绍一下这个机构吗?

A:青年教师联合会是药学院的青年教师们自发组织起来的,目的是调动青年教师的积极性,把青年教师团结起来。一方面,可以提升我们自身的科研教学水平,因为一个学院的发展跟青年教师的能力是密切相关的,另一方面也可以为同学们提供一些帮助和资源,比如我们现在进行的大学生创新创业。大家想进一步了解的话,可以去关注我们的公众号 PharmSci。

Q:青年教师联合会未来的发展方向是什么呢? 会不会更亲近学生呢?

A:其实我们也和学院的领导讨论过,我们与学生最主要的接触还是教学方面,所以我们也在不断充电,努力提升教学水平。

另外就是创新创业,近来学校也比较重视,我觉得也是师生互动比较多的一个平台,我们在想能不能在学生大一的时候就把他们吸引到我们的实

验室来，更早地培养同学们的科研意识和能力。

Q：现在很多的本科生对科研比较感兴趣，但又不够了解，也没有途径去接触，您刚才提到了大创，能否再给我们具体地支支招呢？

A：我在课堂上也讲过，大家如果想要把这一类的学科学好，最有效的方法还是要走进实验室，老师不一定有时间指导每一位同学，但我们实验室还有很多研究生，多问多做总是好的。对科研感兴趣的同学，一定要抓住大创这个好机会，参与进来，历练一番一定会有收获的。

Q：不难看出您平时教书和科研两边跑，工作还是很忙碌的，那为什么您还坚持担任青年教师联合会的主席呢？

A：因为此项工作对于我来说意义还是很大的。第一点，我的工作本身是做好教学和科研，培养出一些高端的人才，努力用自己的力量为医药健康事业做出一些贡献。加入其中对此是绝对有帮助的。第二点，我们这个组织会邀请许多教学名师和科学家，可以提升我们自身的教学和科研水平。第三点，这是一个院内促进老师间交流的平台，有些问题可能自己百思不得其解，但集思广益，就有结果了。

Q：我们来聊一聊您的生活吧，您平时有什么兴趣爱好呢？

A：我很喜欢运动，像跑步、羽毛球、游泳，最爱的呢还是爬山，每次爬到山顶都有一种“会当凌绝顶，一览众山小”的感觉。

Q：我们知道关于师生关系大家的看法是“仁者见仁，智者见智”的，那么在您的心目中怎样的师生关系才是最理想的？

A：我觉得，自古以来就是严师出高徒，在科研方面，我肯定是非常严格的，实验结果出半点差错都不行的，但是因为我的年龄跟同学们也比较相近，所以平时还是更像一个姐姐，可以和同学们一起外出攀岩、爬山等等。在当老师这个方面，我深受我导师的影响。我的导师在生活中对我们就很关心，记得我有一次护照丢了，就首先想到打电话给导师，他给予了我很大的帮助。但他对我们的实验要求很严格，一篇论文改不下百次。

Q：热门话题“如果大学可以重来”在学生中引起广泛的讨论，刘老师您的学生时代有什么难忘的事情？可以跟我们分享吗？

A：这个问题问得挺好的，我大学总体上是很充实的，活动和学业可以兼顾，我觉得最困难的还是学业，有些学科确实很难，像我学的是生命科学，解剖就让我很头疼，但我就是喜欢迎难而上，博士还念的人体解剖，所以我现在神经解剖还是很厉害。

Q：五四青年节快到了，您觉得五四精神在当代有什么意义呢？

A:就像习总书记经常说的:青年强则国家强。这个节日一方面体现了国家对我们的重视,同时也让我们意识到自身的价值和使命。我们在最宝贵的年龄,要为国家、社会、家庭做点贡献。我对我的研究生就有一些要求:首先能考到研究生就说明他们是很优秀和勤奋的,然后我觉得即将步入社会,他们还需要去掌握与人交流沟通的能力,所以我发现实验室里做得比较好的都是经常来找我讨论课题的,这样他们就进步得很快,所以鼓励同学们多和导师探讨沟通。

最后,刘妍老师还对目前正火热进行中的大创项目提出了一些建议。她说,希望大家不要太过功利,而要重视过程,过程中可以积累一些科研的经验,对以后会有帮助。

刘妍老师还向我们简单介绍了一下自己的课题:通过人脑细胞研究神经疾病的发病机制,然后研发出相应的药物。这个领域目前大家都还在摸索,的确具有一定难度,但也就意味着取得成绩的可能性很大。“欢迎有兴趣的同学报考我们的实验室哟!”刘妍老师最后笑眯眯地说道。

99 年前的今天,一群与我们年龄相仿的青年正手持横幅、迎风呐喊,为了火热的信仰甚至无惧死亡。99 年之后的现在,暮春日里阳光明媚、爽风微微,那些泪水和呐喊不复存在,但正如刘妍老师所说,传承的应是一种五四精神——迎难而上、积极创新、报效祖国。

又是一年五四青年节,听了青年教师的专访,身为青年学生的你,会有所改变吗?

药学、化学知识与实验技能操作大赛大佬采访全放送！

药学院代有人才出，在大佬云集的比赛中，更是一代更比一代强。在第八届药学、化学知识与实验技能操作大赛上的激烈的角逐后，终究是几家欢喜几家愁。新闻中心对蟾宫折桂的队伍进行了跟进采访。

他们的合作、共勉、严谨、细心……

总有一样你没有。

学习方法、学习技巧、实验操作……

或许你会感兴趣。

摘冠夺魁，必定是实力不俗！

何谓大佬，你且细看。

01 分析化学组

Q：学长学姐们好，首先恭喜你们拿到了分析化学的团体一等奖，另外，你们还有个人奖，关于合作和分工，你们是怎么处理的呢？

A：我们的实验设计是小组成员共同讨论拿出方案的，然后实验操作是根据方案独立完成的。

Q：那你们觉得比赛过程中难度最大的是哪一个步骤？

A：实验操作里有一步定容，不太好把握。

Q：听到老师评分的时候有在谈论你们溶液的颜色深浅，这个有什么说法吗？给我们学弟学妹也长长知识。

A：滴定时加溶液，哪怕与你算的数据只有半滴体积的偏差，溶液的颜色深浅也会有很大出入，所以实验时精准度是很重要的，这一点要与学弟学妹们共勉。

02 药理实验组

Q：观看的时候看到学长学姐们非常快就完成了实验，在做实验的时候没有碰到什么突发状况吗？

A:没有什么大的状况,就是在给小白鼠灌胃的时候有点麻烦,其实这次实验要求比较简单,只要操作熟练就不会有太大的问题。

Q:确实,小白鼠太活泼了,我看到别的组有时候小白鼠甚至会挣脱掉。那学姐们的实验技能在平时是怎么锻炼的呢?

A:我们在大三的时候会有这样专门的实验课。在实验课上抓住每一次动手的机会吧,不要只是站在后面看着别人做。并且实验技能是建立在一定的实验原理上的,我们在操作前必须要明确实验目的,每一步操作的意义,以及需要记下来的数据,盲目动手也是不行的。

Q:很多新生对化学和实验有一种畏惧和抵触的情绪,然而实验技能对我们药学生来说是必不可少的,学姐们有什么想对新生说的吗?

A:千万不要害怕那些小动物,鼓起勇气迈出第一步就会发现其实也没什么,多做一做也就习惯了。还有就是能动手就动手,因为动物实验是药物反应最直观的表现,只有亲身体验才能让原理在脑海中留下更深刻的印象。

03 药物分析组

Q:从刚进实验室到出实验室,心态有一个什么样的转变呢?

A:刚进去的时候是很紧张,但随着一步步操作,内心就平静下来了,等到出来的时候就很淡定了。

Q:在实验过程中,你觉得最难的是什么?计算还是操作?

A:计算是比较难的,因为很多知识点是很久之前学的,所以记忆有些模糊了。

Q:那在实验操作过程中如果遇到了和预想结果不一样的情况,是怎么样去应对的呢?

A:嗯,一般药物分析都是很讲究精确和严谨的,如果结果出现了那样的情况,添一些减一些是绝对行不通的,必须要重新操作。

04 有机化学组

Q:这次得奖你们感受最深的是什么?觉得有什么收获呢?

A:实验室味道可真大!平时做好实验报告。注意冷静分析和把握细节。一定要冷静。

Q:你们平时是如何提高实验技能的呢?

A:做实验之前听老师讲的时候要好好听,要提前预习。在提前写实验报告时就要思考会遇到什么突发问题,该怎样解决。还有装的装置要好看。

Q:有遇到什么突发状况吗?

A:有,就是把凳子踢翻了,踢坏了,不过那个凳子之前好像就坏了。

Q:那当时有没有很紧张?

A:这个没有,只是想要不要赔钱。

Q:你们这次的实验具体是怎么考的?

A:就是给你实验,让你设计,不过平时也是有做过的,因为时间来不及就没让计算产率,就主要看操作步骤。

Q:有什么想对我们药学院学生说的吗?

A:进实验室之前要多穿件衣服,实验室很冷。做实验前要好好预习,好好写实验报告。希望下一届有你们的精彩展示。

05 知识竞赛组

Q:各位化学大佬好!首先恭喜你们荣获知识竞赛第一名的好成绩!请问现在你们有什么感想吗?

A:谢谢!能代表临床药学2班参加这次比赛并获得第一名,我们十分激动,十分开心。

Q:我想这也与你们的努力与对化学的精通是分不开的!所以各位化学大佬们,对我们刚刚开始接触大学化学的新生们有什么建议吗?

A:的确,因为很多新生可能修的是物理和生物,再加上大学课程确实有一些烦琐与困难。我认为吧,首先大家都得从零开始,这心态得好。然后就是把书上的题目都搞懂了,要真的懂了,应该也就够了。至于大学的课程,也不能仅仅限制于课堂上,我建议同学们在大学里要交图书馆这一个朋友哦。

小华在后台还发现了一大惊喜,本次大赛的学生负责人赵梓全和王达,两人分别是药学院13级、15级学生会主席,此次首度合作同台,真是让人万分惊喜。大家一起来听听两位对此次大赛的感想吧。

赵梓全:学院的领导、老师、同学们的充足准备为本次大赛的圆满举办奠定了坚实的基础,从前期策划,中期不断地改善细节问题,到后期加班加点精心地宣传都离不开大家的付出。作为我们院传统的大型活动,本次大赛为我们2017级新生更好地了解药学这个专业提供了很好的平台,很感谢各位同学为这次大赛的付出!在与王达的工作对接中,也能感受到药学院的学生工作做得越来越出色了。

王达:这次大赛是我们药学院的传统活动,也是我们院的特色活动,同学们除了能从课堂上学习专业知识外,还可以通过活动和比赛的方式去了解专业知识,提高兴趣,巩固所学知识。同时,这个大赛也为大家提供了一个交流的平台。赵梓全学长作为研一的前辈,在合作的同时,给了我很多的

经验指导，我也希望在以后的学生工作中，尽善尽美，为药学院服务。

本次活动因为有了幕后人员的默默付出而精彩纷呈，也因为有了参赛选手的精心准备才大放异彩。有的人站在了展示自己的舞台，积攒了宝贵的经验。或许你痛失机会，请不要气馁，药学、化学知识与实验技能操作大赛，我们来年再会。

专访|孙志强:学习的过程是纯粹的

考试月在即,学习没兴趣?

不要慌!应广大沉迷学习的朋友们要求,我们这次专访到了学霸学长孙志强同学,快来看看一位大佬的自我修养是怎样的!

01 关于心态

Q:学长如今取得的成就可以说是许多人所向往的了,这是学长刚入学就定下目标并为之努力的结果,还是当优秀成为习惯以后的自然而然的成果呢?

A:应该是后者吧。因为我一开始也不知道会获得协和的保研资格啊,我觉得学校不是个目标,发展方向才是,我只是比较早地确定了自己要走科研这条路而已。

Q:那学长在这条优秀的路上,有遇到过什么挫折吗?

A:大三上学期学习成绩有些波动,因为在主席团的工作有点繁忙,没能兼顾过来。

Q:那学长是怎么度过那段时期的呢?那段时间出现的问题又是如何补救的?

A:其实也没做什么吧,那段繁忙的时期过去了也就一切回归正轨了。可能是我之前打下的基础比较牢吧,那段时间的波动也没有太大地影响到整体成绩。

Q:本科四年就要结束,学长有什么遗憾吗?

A:我的大学生活属于比较忙碌的大学生活,学习期间有学习和工作,假期也要去做实验,没有怎么体验过所谓的悠闲。这可能是我的遗憾吧。

02 关于经验

Q:保研有什么要求呢?

A:入围要求是主干课绩点排名比较靠前,入围之后的排名是看绩点和

附加(附加就是看你获得的省级奖项、发表的文章等),最后的结果还要再加上面试成绩。

Q:学长是怎么看待学习和工作间的关系的呢?

A:首先,我是从大一进入学生会,从干事到部长再到主席团,干事和部长阶段还是较为轻松的,只是到大三时的工作量有些大而已。其次,因为我自己也没能兼顾好,没什么经验可以分享,但是我对于工作的态度是很明确的,就是你不能因为学习紧张就推卸工作。工作是责任,是挑战,在过程中你的能力会获得很大的提升,这是学习和生活都不可或缺的。工作也不是一个你闲的时候就去做,忙的时候就能扔掉的东西。

Q:2017 级新生的课还比较少,有很多空余时间,学长觉得大家应该怎么利用自己的课余生活才是有意义的,没有浪费年华的呢?

A:这其实是一个态度问题,有意义的生活不是千篇一律的,每个人有每个人的想法。但我们一定要明确自己的目标。比如有人决定就业工作,那就多做志愿者,多做兼职,多接触外界;有人想做科研,那就要了解考研保研需要的一些条件,并为自己打下牢靠的基础,还要寻找机会去锻炼自己的创新思维能力和动手能力;有人想出国深造,那就首先要挑好学校,并尽早为托福雅思做准备,口语啊、英文的学术论文啊都要尽早接触。总之,你要知道想要什么,为这个方向努力就是有意义的事情了吧。

Q:问了这么多关于学习的问题,恋爱也是大学生活的一部分。我们知道学长在前段时间脱单了,能分享一下你的恋爱观吗?

A:我的恋爱观啊,就三点吧,不要跟风、不要强求、用心经营。喜欢的过程是自然的,追求的过程是艰辛的,在一起之后是要经营的。脱单这种事的话,我觉得也是看自己吧,你觉得什么对你更重要,做什么能让你生活更好,那就去做什么。

在采访的最后,我们问学长想要对学弟学妹们说些什么。他沉思了很久,最后说了一句很简单的话:学习的过程是纯粹的,不要有太多的功利心。

这句话的意思采访人现在还不能完全理解,不知道萌新们能理解多少呢?希望大家经历了时间的洗礼,在未来的某一天能够明白这一个“纯粹”意味着什么。

专访|
药学博士朱建华:“要有站起来的力量!”

朱建华在6岁时患上了骨髓炎,因为当时条件限制,延误了治疗,所以他患病的那条腿现在落下了残疾,走起路来不太方便。

他现在在南京医科大学药学院临床药学专业读博士二年级。已经发表了4篇SCI论文,累计影响因子超过20分。同时还取得了江苏省博士创新计划资助。

“我很喜欢《士兵突击》里的那句台词:不抛弃、不放弃。”他说。

让世间的疾病少一些

朱建华现在做的是靶向蛋白组学方面的研究——如何更加准确地检测和诊断肿瘤。“很有趣,也很艰苦。”

恶性肿瘤的治疗已经由传统的手术和放化疗时代进入以靶向治疗、免疫治疗为主的精准医学时代。朱建华具体研究的问题是如何精准确定肿瘤组织里PD-L1的含量,这样才能确定对肿瘤病人是否用药、用什么药以及用量是多少。

“现有使用的方法存在不准确的问题,而且检测仪器、标准都不统一。”朱建华说他希望通过研究能够确定一个相对统一的标准,为病人提供便利,也能减少不必要的浪费消耗。

“将纳米探针送达肿瘤组织,它能够特异性地识别PD-L1,经紫外光照射,探针会释放出特定的肽段,质谱检测、定量这些肽段,从而测定PD-L1的量。”几句话就可以概括的过程,他忙了3个月。“光是纳米探针这辆‘车’上要放多少‘货’这个问题就需要设计、尝试,不断的失败,再思考,再平衡。”

硕士阶段,朱建华研究的是“纳米药物递送”。他打比方说,就像是培训专送肿瘤化疗药物的“快递小哥”。如果送错,就把正常细胞杀死了,后果很严重,只有把化疗药物精准快递到肿瘤细胞那里,顺利地消灭它,快递小哥

才算完成使命。

“科研很枯燥，但我很喜欢。摆弄瓶瓶罐罐，动手设计出符合自己思路的设备，得到属于自己的成果，很有成就感。”填报高考志愿的时候，他的志愿清一色的全部都是医科大学。

“我来自农村，父母都是地地道道的农民，小时候生病，都是在乡里的卫生所治疗，连县医院都很少去。”因为腿脚的问题，他从小立志要当医生。

“现在觉得，医生技术再好，没有好的药物也不行啊。每个角色，都有他自己的定位和作用。”读了药学专业以后，他渐渐也体会到了其中的乐趣和成就感。他学药学专业的初衷很简单——能够献出自己的一份力量，让世间的疾病少一些。

我遇到了很多好人

“我没想到我自己会一直读到博士。”他说，“但既然读到了，就要去自主地开辟自己的方向和天地。”

“小时候，也有人劝我父母，放弃对我的治疗，但他们没这样做，而是坚持送我去看病，一直供我读大学。”回顾自己的路，朱建华觉得自己很幸运。“越往前走，就遇到越来越多的好人。”

来南医读博之后，一件小事让朱建华难以忘怀。他平时会以自行车代步，一次在北门附近，车胎爆了。一位食堂阿姨正巧经过，见此情景，就把他一路送到了义乌小商品城的修车点。“她把我送到以后，我才知道，阿姨回家的方向，其实是相反的。”

“我的导师陈芸教授也常对我说，尽努力去做自己想做的事，不留后悔。”

说到自己的右腿时，他淡淡一笑，毫不介怀地说：“我觉得没什么不同，就是走路有点不方便。”从早到晚守在实验室做实验的强度很大，他也从不觉得很辛苦，“我觉得我对科研很感兴趣，我很乐意看到自己能够每天进步一点，虽然有时候一直站立对我来说会有一点疲惫。”

一开始，他独自面对复杂的实验也曾困扰过，面对冗杂的数据也曾叹气过，“当时刚刚来南医，以前几乎没有单独做过实验。我做第一个材料实验做了整整六个月，中间有很多波折，但是我从未想过放弃，最终还是得到了想要的结果。”

他觉得，先天的困境和不足，反而促使自己能静下心来做事。“我现在既不需要拄拐，也没有截肢，还能做自己喜欢的事，体育锻炼也不落下，乒乓球、篮球、羽毛球，都是我喜欢的运动。我打乒乓球水平还不错，在本科的时候，还拿过学校比赛的一等奖呢。”

“心胸开阔，灵魂健康，才是最重要的。”

要有站起来的力量

在团队里，他永远是第一个到达实验室，又是最后一个关灯离开的人。节假日期间，他的身影也总是出现在实验室的玻璃窗后。

“我是实验室中年纪最大的，我有这个责任照顾好实验室里每一个师弟师妹。”当大家都走了，他会确认好仪器的开关，确保实验室安全才会离开。他把身边力所能及的事情都尽力做好，传达好导师的任务，带着师弟师妹们一起做实验，关心他们的生活。

他团队里的张文均评价他说：“师兄豪气爽朗，常常关心师弟师妹们的动态，安抚，开导，督促，是我们团队保持凝聚力、向心力的核心。”

“在师兄的督促和领导下，实验室充满了凝聚力，以及较高的执行力。”团队中的倪荣华觉得朱建华认真负责的态度感染了整个团队。

学校开展主题教育，朱建华是党员，又是团队里的老大哥，他带着研究生支部的党员学习典型人物，特意给大家讲了钱学森的故事。

在美国求学的时候，因为是中国人，钱学森被美国同学嘲笑，他很霸气地回怼：“中国现在是比美国落后，但作为个人，你们谁敢跟我比试！”

朱建华说，他特意挑选了这个故事，鼓励大家，也是激励自己。“我读了这个故事以后的真实感受是：当你被需要的时候，要有站得起来的力量。这力量，知识会赋予你，经历也会赋予你。”

南医榜样|采访李歆教授:坚持不懈乃唯一良方

初次见面,李歆教授(下文简称李教授)面带笑容,和蔼可亲。在随后的接触中,更令人感觉如沐春风。

外出求学

李教授在国内拿到了药事管理专业的博士学位证书,并曾在奥地利和美国访学。提到自己在外的经历,他坦言,我国的医药行业近年来发展迅速,但是与西方发达国家之间还是存在一定差距,医药类专业学生如果想要进一步开拓视野,出国会是一件很有意义的事。同时,国家留学基金管理委员会覆盖的城市越来越广,医药类专业的学生更应该借此良机多出去看看,学习研究国际前沿技术,为中国的医药发展贡献自己的力量。

回国教学

2003 年,南京医科大学药学院成立,急需引进人才。出于对药学专业的兴趣,李教授义无反顾地选择了药学院,成为了药学院第一批老师。

课堂上,除了课本知识外,李教授还会选取时下社会医药行业的经典案例来与同学们分享讨论;课后也保持与学生的沟通交流,即使不在同一校区,还是会经常通过短信、邮件等方式进行探讨。如今,李教授已经在南医从事了十八年的教学工作,十几年来总是兢兢业业,被评选为同学们最喜爱的教师。

在上好课的同时,他也很喜欢思考学习方法。李教授强调,本科生应把握课堂,课后积极思考,掌握课本知识;研究生则应发挥主观能动性,钻进难题中,尽自己所能将其解决。

提到对研究生选择导师方面的建议,李教授表示应注重导师的工作内容及其研究的课题,选择自己感兴趣的,否则在此方向会觉得“度日如年”。

科研工作

重视教学的同时，李教授在科研方面也取得了许多成就。对于科研，他坚信：失败是成功之母。科研的过程是艰难的，而不是一蹴而就的，特别是药学实验，很容易失败。自己在申请课题、发表文章上也遇到过许多挫折，但这不能成为放弃的理由。失败让实验一步步完善，让结果一点点清晰，也锻炼了人的意志。“在我们学院，培养对科研有浓厚兴趣、意志坚定、有耐心的同学是很重要也是很有必要的。”

学生指导

作为一名优秀的教师、党员，李教授积极地参加学院建设和活动，注重学生的心理和性格发展。

李教授是我院“慢性病咨询与服务团队”的指导老师，他表示在新的一年里，他会带领团队发挥自己的专业特色进行社会实践，如充当社区医生助手，整理档案、提醒用药事项、随访等，为以后的药学服务工作多积累一些经验。最后李教授也为团队取得的成绩表示祝贺，并在新的一年里为大家送上诚挚的祝福。

在与李教授的交流中，他通过诉说自己和身边人的经历，让我们深刻体会到，学无止境，需多下苦功；科研不易，当砥砺前行。失败乃成功之母，坚持不懈乃唯一良方。这，便是南医榜样的力量。

南医榜样|
采访朱婉莹老师:愿得佳人,十年坚守心

载着江浙沪难得一见的阳光
挎着小背包去见一位可人儿
从不曾听过她的姓名
到初步了解她的经历
再细细听闻她的故事
才发现佳人难得
只因为未曾找寻

朱婉莹老师,2009 年 9 月进入南京医科大学药学院开始本科学习,2018 年 6 月药物分析博士毕业,导师周学敏教授,同年 9 月进入药学院干细胞与神经再生研究所工作。研究生期间参与发表 SCI 论文 18 篇,其中第一作者四篇,包括在《Angew. Chem. Int. Ed.》上发表的一篇论文;参与申请专利十余项,目前获得七项专利授权。获得第六届全国大学生药苑论坛创新成果一等奖等三项全国竞赛大奖;多次获得学业一等奖、扬子江奖学金等;获得"优秀毕业生"称号。曾受南京医科大学联合培养项目资助,赴瑞典哥德堡大学交流学习一年。

同一条路,不一定每个人脚下都是一样的路况!

Q:您当时为什么选择做科研?

A:要说选择从事科研,其实最初我没有那么强烈的愿望一定要去从事科研,而是在不停的尝试中我发现自己并没有想象中那么排斥,并且越来越觉得这是一件有意思的事情,所以才慢慢开始了我的科研道路。

我是在大二的暑假进入实验室实习的,后来觉得实验室的瓶瓶罐罐很有意思。印象比较深的一件事是在大三的时候我进入分析实验室实习以后,师姐带我去做红外的实验时会有一个压片的过程。当时我就会觉得这

个压片太有意思了，然后就会发觉自己对这个事情起码是有兴趣的。

然后再来回答这个为什么要从事科研。其实我感觉自己并不是主动地选择了科研，而是在接触的过程中觉得这件事情越来越有意思。说到这个，我一直以来比较期待的一种生活是充盈而且自由的，而恰恰科研就是这么一件事情。研究的过程中你不断地发现问题、解决问题，让你非常有成就感，并且也是非常充实的一件事，然后你又可以去选择自己的研究方向，选择自己感兴趣的研究内容。它是自由的，适合自己的便是最好的！这就是我选择继续从事科研的原因。

最可怕的敌人是没有信念！

Q：那您在科研的过程中有遇到哪些困难呢？又是怎么克服的呢？

A：我觉得自己总是特别的幸运。一路走来身边总是有贵人相助，我博士期间的老板周学敏教授，我在瑞典的老板 Andy 教授，还有我现在的领导刘妍教授，还有各位师长们，他们给了我太多太多的帮助，让我觉得自己在这条路上走来，仿佛锦鲤附身。

要说遇到困难，也是有的，就是当你有一个认为比较新颖的 idea，然后你去查文献，却发现十年前已经被别人做过了；再如，你发现自己新开的课题进展不下去了，投稿的文章被拒稿等这些情况，都会是我觉得比较困难的事情。

那么，遇到这些问题，我是怎样克服的呢？其实在我的心里有一个特别坚定的信念——工作上的事情，只要你去努力了，一定会有回报的。不管是以什么形式或者是什么时候，它都会给你一些反馈。科研本来就是一个发现问题、解决问题的过程。遇到困难是一件好事情，这说明你可能会有新的发现。具体来讲怎么解决这个问题的话，我会选择先放下问题，彻底地放空自己，比如说跑跑步之类的，然后回头再来解决问题。可以查阅一些文献，利用所学的一些相关的知识，又或者向身边的师长请教，术业有专攻，请教也是解决问题的一种途径。

相信困难总可以被解决，善用所学，不耻下问，这是我解决问题的方法。

乐趣总会是最好的导师！

Q：我们了解到您有在瑞典留学一年的经历，那在这个过程中，有发生过什么有趣的事情吗？

A：令我印象十分深刻的是我在瑞典的时候做过的一个很有意思的课

题。它是一个给细胞嗑药看细胞嗨不嗨的课题，它不像大多数课题一样十分学术化，但能够深深地调动我做课题的积极性。当时我就觉得这个课题很有意思，就是你每天差不多就是在给细胞喂不同的药，然后观察它嗨不嗨，有时候看到细胞很嗨的状态你的心情也会跟着变好。

榜样是一种力量，但努力绝不可少！

Q：那么您对南医榜样有什么样的理解？又有什么样的经验想要分享给药学院学子呢？

A：我真的算不上南医榜样，身边有太多太多优秀的小伙伴了，自己只是一名普普通通的南医人，已经足够幸运，但还不够努力。

想要对同学们说：珍惜自己最美好的青春年少的时光，选择最适合自己的路，也祝福大家在南医收获学业，遇见爱情。

最后，分享一位老教授的话：从来没有一种坚持会被辜负，只要努力，就能做独一无二平凡可贵的自己！

药苑嘉人|王熙尧:不负韶华,向往远方

大二,任药学院学生会考核部部长、南京医科大学排球社社长;GRE(美国研究生入学考试)成绩325分;大三获得校长奖学金。他,就是来自2017级临床药学3班的王熙尧。

以梦想为鞭,以勤奋为马

大一结束之际,王熙尧决定今后去美国攻读研究生,于是早早做起了准备——考GRE。即便考试没有听力,备考期间,他也会在路上戴着耳机听TED演讲,不浪费边角时间。如果有听不懂的地方,他就调0.5倍速慢慢地听。这样既可以训练听力,也可以开阔视野。

对于英语学习,他认为单词很重要,若没有单词打基础,学再多技巧也无济于事。所以,他根据艾宾浩斯遗忘曲线给自己制订了科学的背单词计划,每天坚持。

善于捕捉生活里的星光

暑假中,王熙尧抓住机会去了一家公司进行科研实习。与在学校做科研不同的是,公司做实验是为了使科研成果向产品转化,而不仅仅是科研原理的研究,这里面包含着一种转化思想,这种转化思想需要兼顾成本、工艺和其他方方面面,在这个过程中,王熙尧渐渐养成了一种大局观。这种大局观让他学会了更加合理地制订计划和目标,更加全面理性地思考问题,更加坦然从容地面对生活。

在大一时,王熙尧任学生会考核部干事,他说在他记忆里,有件事对他影响很大。那是六级考试前一晚,考核部成员需要做统计,大家都想要赶紧完成工作尽快回去复习,但是部长始终没有放松要求,认真核对每一项数据,那次统计做到了晚上10点多。王熙尧说:"那时部长所展现出的责任

心，成了我前行路上遇到挫折时的振奋剂。”所以，当他担任部长时，他心里就有着一份责任感。王熙尧借着这股力量不断激励自己，成就了今日优秀进取的他。

琴瑟在御，莫不静好

大多数人曾幻想过要邂逅一段美好的爱情，王熙尧也不例外。而他，在大二时遇到了自己的那个她。当说到这段感情时，他脸上满是开心与甜蜜。他提到在备考 GRE 时女朋友非常支持他，给了他充分的空间去提升自己，也给了他一些学习建议。两个人默契十足，彼此成就，彼此温暖。他为摘到更亮的星星努力着，她则是他最好的后援。

坚定自信，走上答辩舞台

王熙尧的父亲也是一名医者，受父亲的影响，从小他就在心中许下了要成为一名医者的愿望，这激发了他奋发向上的斗志。大一刚入学，王熙尧决定从身材方面开始改变，于是便踏上了减肥之路，在减肥的过程中，他一步步克服困难，磨炼出了坚定的意志。大二担任排球社社长更是给了王熙尧很多体育锻炼的机会，也让他在锻炼中成长。

能走上校长奖学金答辩舞台的他，背后一定付出了很多别人看不到的努力。王熙尧将自己的答辩概括为独特和信念坚定。他总说自己不够优秀，而衡量是否优秀本就没有具体统一的标准。我们都能看到，他在悉心浇灌着梦想的花儿，正如他自己所说的那样，“用尽一切办法从各方面把自己的能力提到更高。”

一路走来，王熙尧有着自己对大学生活的看法，他说：“到了大学，我们每个人都有待磨炼的三大素养是自理能力、交际能力、责任心。高中到大学是一个从被管理到自我管理的飞跃，我们周围有形形色色的人和活动，我们也可能会迷茫和泄气，这时候好好地管理生活和学习、开放包容地与人交往、严格要求自己所做的事非常重要。”他以切中肯綮的感悟，真诚地祝愿每位同学可以在大学生活里不负韶华，向往远方。

加缪在《反抗者》中说：“对未来的真正慷慨，是把一切都献给现在。”愿大家都能够不辜负时间的馈赠，活成自己想要的模样。王熙尧用他自律、坚定、谦逊有礼的方式告诉每一个跃跃欲试的人，找对方法并且足够坚定，相信明月真的会向我们奔来！

药苑嘉人|03-524，一个神奇的宿舍

宿舍四个人，主干课平均绩点排名专业第五，其中三个人位居前五。学风建设示范寝室、唐仲英德育奖学金、校一等奖学金、校二等奖学金，荣誉公示里，总少不了她们的名字；诗词大会先进个人奖、应急技能救护大赛一等奖、3v3女子中场定点投篮团体奖、“三好杯”极限飞盘团体奖，诗词歌赋、体育赛场，四个女孩也不甘落后。

虽来自不同城市，却亲密无间，图书馆里、绿茵场上，总能见到她们同行的身影。她们就是组成03栋524的四位成员：郭志叶、文诗雨、李彩容、胡梦蝶。

看着这样一个神奇的宿舍，才相信“腹有诗书”的才气，与“争渡，争渡，惊起一滩鸥鹭”的独属于少女的活泼劲儿，是可以兼得的。

南方姑娘，各有魅力

郭志叶是个土生土长的江南妹子，但身上却有着北方妹子的豪爽。作为学院青年志愿者协会的副部长，她总能迅速完成琐碎的学生工作，协调好大家的时间。学生会的工作虽然繁杂，但她的课余生活并不单调：戏曲广播操的悠扬音乐里、应急救护技能大赛的紧张氛围中，她总能找到一份乐趣。

文诗雨，外表文静，骨子里却恰是辛弃疾的诗、盛夏时的雨，实在是个好动的姑娘。空手道社团里有她矫健的身影，动作流畅有力，气势丝毫不输男生；五心广场上她滑着滑板来回穿梭，感受着晚风的惬意；网球场上，她反应迅速，接球有力，让对手只能甘拜下风。

李彩容，说话隐隐带着有力而又软糯的广西口音。她是个爱干净的姑娘，宿舍里总有她耐心整理的身影，每每查寝，得分几乎都在98分以上。热爱跑步的她，经常绕校园跑步，释放学习和生活的压力，校园的每一条路上都烙下了她的足印。

胡梦蝶，一个来自福建，爱好吃辣的姑娘，脸上一直有着让人暖心的笑容。心灵手巧的她，会钩毛衣，编织手工艺品，熟练的技巧让人不禁夸赞。“我的偶像是焦俊艳。”胡梦蝶笑道。其实，她的身上也带着焦俊艳的那份真实感，大大咧咧，相处起来让人颇感心安。

大学生活，不只成绩

四个人都是爱玩的性子。遇到小长假，她们早早地就会商议行程、计算花销，然后为了出行一起存钱。2018 年国庆假期，四个人一起去了浙江横店，郭志叶还用着高德导航像模像样地充当了导游。那次旅行留下了许多充满回忆的照片，合照里剪刀手成了百搭的手势。几天的行程让她们的关系变得更加亲密，现在回忆起来，四个人脸上满满的都是笑容。

没时间走出校门的日子，她们也会在晚上，相约在操场玩飞盘、滑板，让所有烦恼消散在凉爽的晚风里。

“我们都是大二老腊肉了”，说起装饰宿舍，她们总是这样打趣。可这木质风格的壁纸，书桌旁可爱的四个玩偶，宿舍里分明满满都是对生活的热情。

大二课程多了起来，但四个人回到宿舍，依旧少不了吵吵闹闹。郭志叶说：“虽然我们都五音不全，但都爱唱歌。”李彩容不禁笑着说道：“郭志叶有次洗澡，感觉她在里面唱歌，但听起来又好像是在朗诵，出来一问是在唱 rap。”聊起这事儿，四个人笑作一团，仿佛在和春日的阳光比赛，一时间分不出谁更熠熠夺目。

亦师亦友，相伴相惜

“上课的时候，抬起头总是能看见她们四个坐在一排奋笔疾书的场景。”同班同学曹凡说道。四个人平时习惯于坐在一起上课，课间有问题就开始讨论。到了考试月，白天泡图书馆，晚上回到宿舍，窝在床上继续看书成了四个人的习惯。

“看到她们三个这么努力，不敢掉队。”宿舍里化学薄弱的文诗雨说道。四个人就这样向好的方向互相影响，有些进步也在悄然发生。

最后，四位女孩有话要说：

“别闷在宿舍，趁着有空，多和舍友出去玩玩儿。”

“上课的时候，要学会把手机放下。”

“宿舍四个人要齐头并进，别做最懒的那个，会掉队的。”

“和舍友之间有话直说，毕竟他们是要陪伴你整个大学时光的人。”

03-524，对于住在这里的女孩们来说，是她们的宿舍号，但更像是她们的第二个家——那里总是有温暖、有欢笑、有懂得彼此的人。

药苑嘉人|王晓琪：星辰大海，乘风破浪

我校第四届"研究生学术之星"评选活动中，我院一位研究生凭借扎实的专业能力和良好的发挥获评"十佳学术之星（硕士组）"，为我院赢得一份荣誉。她就是王晓琪。

王晓琪是我院药剂学专业2017级硕士研究生，在辛洪亮副教授的指导下进行科研工作。

在读研究生的这两年期间，她坚信"知是行之始，行是知之成"。在科研中，她一方面查阅大量文献充实自己的专业知识水平，主动向导师和师兄师姐们学习；另一方面，投身于实验中，通过不断提升自己的科研能力积极应对课题中遇到的挑战。事虽巨，坚为必成。在导师的悉心指导和自己的艰苦努力下，她在科研上取得了丰硕成果。两年来，她以共同第一作者的身份在期刊《ACS Nano》上发表标题为"Sequentially Site-Specific Delivery of Thrombolytics and Neuroprotectant for Enhanced Treatment of Ischemic Stroke"的SCI论文一篇，该杂志当年影响因子为13.903；以第三作者的身份在《ACS Nano》发表标题为"Bioengineered Boronic Ester Modified Dextran Polymer Nanoparticles as Reactive Oxygen Species Responsive Nanocarrier for Ischemic Stroke Treatment"的SCI论文一篇，当年影响因子为13.709；以第三作者的身份在《中国药科大学学报》发表标题为"基于血小板及其膜的仿生递药系统研究进展"的北大核心论文一篇；参与申请国家发明专利2项。

研究生的生活不只有学习和科研，她积极投身于学校的各项实践活动。利用学习之余的时间，她担任了2018—2019年度药学院临床药学系助教的职务。在其他校内活动中，她积极报名参加学校组织的运动会的团体比赛项目，坚持德智体美劳全面发展。

攀得半山休道远，还需健履上高峰。对王晓琪来说，未来的路还很长很远，但她相信“道固远，笃行可至”，她将继续在科研的道路上逐梦而行，让自己无悔于研究生这几年的付出与成长。

她是一颗亮眼的星辰，于浩瀚大海上乘风破浪！

药苑嘉人|遇见你们，风也温柔

——记“江苏省先进班集体”2016级临床药学3班

这个班级有点“秀”：全班27名同学，有16名同学成功推优，6名同学成为入党积极分子，3名同学被发展为预备党员；班级学习成绩专业排名第一；获奖学金的同学占比高达70.37%；英语四级通过率100%；六级通过率超过60%；计算机二级通过率超过70%；100%参与创新创业活动；学生干部任职占比超过70%。

这是27位同学的成绩，也是一个班级——药学院2016级临床药学3班的成绩！

论优秀班集体的“诞生史”

一枝独秀怎行，要做就做百花齐放
——优秀的集体从来不是个别同学创造的，而是集体中的每一位同学共同努力实现的

2017—2018学年，班级中1人获得校一等奖学金，3人获得校二等奖学金，3人获得校三等奖学金，11人获得单项奖学金，其中陈怡君获先声奖学金，林雯获“陈家震—蒋慧权”校友奖学金，获奖学金的同学占比高达70.37%。

“大一的时候，我们其实也不是很突出，那时候挂科人数多，呈现两极分化现象。”团支书林雯回忆着。

“但我们班从一开始，就有很浓厚的互助氛围。我们有一个叫作‘沉迷学习’的QQ群，平时学习委员、成绩好的同学都会把自己整理的资料发到这个群里。”

除了线上的资料共享外，帮扶小组也是一个“不二法宝”。帮扶小组采用的更多的是互补方式，基本上是一对一，为针对vb、二级、三级等组成阶段性搭档，遇见下一场挑战，便重新组队。先整理再集中答疑也不会占据答

疑的人太多时间。

原本普普通通的他们，靠着渴望优秀的共同目标，稳扎稳打，一起变得越来越好。

对于学习自觉性，团支书林雯的建议是，一两个人带动一个宿舍，学风好的宿舍对其他宿舍也有着积极影响。

拘于班级怎行，

哪里都要有我们开放的美丽

——100%参与创新创业项目，学生干部任职占比超过70%

班级内有13人参加大学生创新创业训练计划，25人参加优秀本科生导师制，3人参加院内创新创业训练小组，有3名同学是首批“圣和科创班”成员（首批成员涉及2016、2017级两个年级，共10人）。

陈怡君同学参加第二届全国医药院校药学/中药学世界大学生创新创业暨实验教学改革大赛获特等奖，班级成员参加校药学、化学知识与实验技能操作大赛，连续两年获得二等奖。

“我们班对于创新创业的兴趣，其实也是从一个宿舍的影响开始的。大二开始，参加创新创业的人越来越多，开始互相影响，带动了全班。大家各找感兴趣的项目，而且实验室开放，老师们都非常愿意同学们来参观学习。”林雯神秘地一笑，“我们班的很多同学参与了一个公益性项目的组建，就是你们所熟知的药芷园。”

来自2016级临床药学3班的冯烨玲同学成立了药芷团队，其中一半的成员由本班同学担任。药芷园凝聚了2016级临床药学专业很多同学的心血，也让临床药学3班与其他班级间的联系更为紧密。

“南京中医药大学、中国药科大学都有植物园，我们就也想在药学院做一个类似的项目。后来，在和老师沟通的过程中，我们才知道原来药学院本来就有这么一个课题，只是因为场地和经费而搁置了。”

抓住灵感的尾巴，班里的冯烨玲同学牵头，创立了“药芷园”，并和同学们一起建立了药芷团队。正如课题的名字，岸芷汀兰，郁郁青青，团队希望能借此为本校师生科普药用植物知识。作为一个公益性项目，他们在校赛上拿了三等奖。比赛结束后，他们继续努力着，通过和老师、学院沟通来获得土地，又通过和中国药科大学建交，获赠了一些幼苗来种植。

课题建好了，落实谈何容易。任何高楼都由平地而起，药芷园的地也是一块一块耕出来的。

“印象最深的大概是第一次耕地，2016级临床药学3班和1班的六七个

男生，借了后勤处的锄头耕地。园子很大，加上南京的土是表面坚硬、底部潮湿的黏土，耕完地，几个男生手掌都磨破了，累得要趴下。”项目负责人冯烨玲同学回忆道。

药芷园 2019 年开始大规模种植中草药，购买了 18 种种子种植。园里现有几百多盆苏薄荷，十几盆铜钱草、葛根和金银花。其他药用植物不适宜在园里生长，种植十分困难，而且也缺少专业指导，只能一步步摸索。

社团在通过初审后拿到了校资金来发展药芷园。经过线上和线下的招新后，成员从 20 几人扩展到了 40 几人。社团的每一个同学都在为了让中草药文化更好发展而努力奉献着自己的青春。

幸好有你们

“其实一开始，我只是抱着试试看的态度，做好团支书应该做的份内的事情，渐渐的，我开始有了一种归属感，想要做得更好，为班级做更多的事情。”

就是这样一件件“份内事”，让林雯慢慢对班级有了归属感，“我就想要做得更好，就开始做得更多。”

三月份，先进班级的评比开始，正好撞上了林雯的境外访学面试和网球比赛。本就超负荷运转的她，在先进班级评比答辩前一晚，又突然收到改动 PPT 的通知，林雯几乎要崩溃。这时，一个班级的力量显得那么珍贵。材料收集整理、PPT 制作、讲稿修改，每一项都有专门的同学负责，即便时间紧迫，他们仍然有条不紊地解决了所有问题。

“听到我们班答辩成绩是第一名之后，我唯一的感觉就是，我能在临床药学 3 班真是太好了。”

认真的工作态度是会“传染”的，班里的李琪同学担任院学生会主席。对他来说，能安排好学生会的工作和自己的学习计划，很大程度上得益于大一担任班级学习委员的经历。“做学习委员的时候，就渐渐明白，我担负着这样的责任，就要完成好自己的任务，与此同时，我会抓住零碎时间来学习，调整好心态。”

成为第一名很难，成为第一名班级中的第一名更难。但陈怡君同学做到了。

“有压力，但我觉得更多的是动力。”她笑道。“班级里优秀的同学有很多，团结互助的学习氛围更为难得。互相讨论问题、分享资料，这样的氛围不断督促我更加努力。”

班长陈能文回忆说："去年女生节，男生们给全班女生买了蛋黄酥，准备了内容不同的明信片；而儿童节，女生们送了男生AD钙奶。并且每次放假回来，大家都会分享特产，青海的青稞奶、新疆的奶疙瘩、南通的脆饼，扬州的牛皮糖、千层糕，都在一次次交换中品尝着。"

属于他们的荣誉

2016—2017学年校先进班级、校五四红旗团支部创建单位，2017—2018学年校明星班级、校五四红旗团支部，2018年度"江苏省活力团支部"，江苏省五四红旗团支部，2018—2019学年度江苏省省级先进班集体。

从最开始的迟疑到最后的自信，凭借着活动参加率高，考试一次性通过率高的突出特点，2016级临床药学3班乘着东风越走越远。

遇见你们，风也温柔。身为这个班的一员，你回头看，身后各处灯盏，都是归处。

育人先锋|十佳研究生导师——陈芸教授

陈芸,教授,博士生导师,药学院副院长,药学院临床药学学术带头人,兼任江苏省人民医院伦理委员会委员,南京医科大学第二附属医院临床试验中心副主任,江苏省药学会委员、临床药学分会委员,以及南京市药学会药物再评价专业委员会委员等。近年来,主持了多项国家、省部级基金,包括1项国家自然科学基金优秀青年科学基金项目,2项国家自然科学基金面上项目、1项国家自然科学基金青年科学基金和1项东南大学-南京医科大学合作研究项目重点项目等,以通讯作者发表论文40余篇。曾入选江苏省“333高层次人才培养工程”、江苏省“六大人才高峰”等。

多年来,她倾心于教书育人,关心学生,培养药学人才。她严于律己,自觉提升个人师德素养,在品德修养和科学研究方面,为学生做出了表率。

以关爱教育学生为天职

作为一名研究生导师,她在生活中十分关心学生,在为人处事方面给予教育。在学校,不仅是学知识、做科研,更要学做人、学做事,树立良好品德,这样才能立足社会,在社会上实现人生价值。她的言传身教给学生以很深的影响,她和学生形成了亦师亦友的良好师生关系。每年教师节收到的一束束鲜花让她感受到教书育人的满满幸福感。

2009年以来,陈芸教授培养了博士研究生4名,硕士研究生11名,培养青年教师2名;目前在校博士研究生2名,硕士研究生10名。在她的辛勤培育下,她的学生也收获多多,有1人的硕士学位论文被评为“江苏省优秀硕士学位论文”,2人获得江苏省研究生科研创新计划项目,2人获得国家奖学金;另外还有多人获得校级以上各类奖学金,这都让她感到骄傲和欣慰。

作为分管研究生教育教学工作的副院长,她充分利用在海外学习工作

的经历，积极开展对外交流，努力为我院学生争取更好更多的学习交流机会与平台。她邀请国内外学者前来交流，通过开展各类学术讲座、学生座谈会及职业规划讲座等，帮助学生们接触前沿的知识，了解学科动向，互相学习，开阔眼界，并且明确自己的职业规划。

临床药学是省特色专业、校品牌专业。它的核心目标是最大限度地发挥药物的临床疗效，确保病人的用药安全与合理。如今，国内医疗面临着药物滥用、临床医生稀缺等问题，通过培养专业的临床药师，配合临床医生，可有效指导病人安全合理用药，制订最合理的给药方案，大大减轻临床医生的负担。作为临床药学系的学术带头人，她定期与医院进行人才培养和科研工作方面的交流，积极邀请医院有关专家教授、临床医生、临床药师参与指导学生教学与科学研究，定期组织学生到医院进行医疗实践和临床知识的学习。同时，她还承担了“临床药学英语”“临床药学导论”以及“色谱质谱联用-原理与应用”等核心课程的教学工作，将国外先进教学模式与我校教学相结合，以新的理念教书育人。

努力开展科研创新，带动学生科研能力提升

目前，陈芸教授主要致力于定向蛋白质组学定量研究临床生物大分子的新策略，以实现将定向蛋白质组学作为新型定量检测方法进一步应用于生物标志物的鉴别、临床验证和明确使用范围等领域。自 2008 年回国以来，她获得多项基金，近几年主持了多项国家自然基金，此外还有南京大学生命分析化学国家重点实验室开放基金、国家教育部博士点基金资助项目、江苏省自然科学基金等，并且以第一发明人的身份获得多项国家发明专利，其中 1 项转化，2 项受理，1 项获得授权。作为一名导师，她在科研工作中兢兢业业，勤奋耕耘，以身作则，为学生做出了科研创新的表率，激励着学生们热爱科研、投身科研，让他们看到付出就有收获，拼搏的青春更美丽。

教学相长

在培养学生的同时，她也一直不断学习，努力提升自己的科研水准。2016 年，她以访问学者的身份在美国宾夕法尼亚大学进行了为期 5 个月的深入学习，并且还多次受邀参加了国际学术会议报告和高校学术交流报告，此外，她还多次参加了国内学术会议邀请报告。通过这些学习与交流，她充分了解当今的研究前沿，为自己的研究注入了新的活力，并且给学生带来了新的知识，同时也给学生树立了学习的榜样。

经验分享|黄振全:考研路上,自胜者强!

在繁忙的考试月是不是有人学不进去,想求得学习方法呢?

开始每天蹲守图书馆想考取研究生的同学们,是不是有些人不知该从何下手呢?

接下来是一位同学满满的考研经验分享。

黄振全,来自我院 2014 级临床药学 3 班,现考取本校药理学专硕。在校五年连任班长,曾担任校中外交流协会外联部部长,曾多次获得国家励志奖学金、校优秀班干部等荣誉。

向上的路是难走的!

“考研的初衷自然是为了让自己站在一个更高的平台,让父母为自己骄傲,但是这一路困难重重,汗雨淋淋。光靠蛮劲自然是不行的,也需要很多巧劲。首先,我们可以将自己的目标定远,让自己明白还有很多不足。其次,我们可以找一个志同道合的研友,相互鼓励和监督。最后,效率是最重要的,我们要保证自己的休息时间。”

最有分量的考研干货!

“对于我们的专业,药理作用和不良反应是重点,将上课的笔记认真复习,弄清题目的结构和类型,多做几道题。对于偏文的科目比如英语、政治,则可以大胆揣测题目,提前准备。遇到新的题目也不必太紧张,慢慢理清思绪。六月份开始实习,如果考研就需要提前开始准备,临近考试不必有太多的心理负担,给自己一个小休的机会。”

面试小 tips!

“提前准备可能会问到的问题,面试时要面带微笑,多一些肢体动作,一

些专业的问题只能靠自身实力，但那些可以灵活发挥的题目，需要好好把握，相信自己，展现出最好的自我。自我介绍一定要准备充分，中英文都需要。重视面试的时候也千万别忽略笔试部分。”

永远新鲜的回忆！

“最难忘的是当了五年班长，应该是我们这届唯一一个自始至终的吧，当然我也有打退堂鼓的时候，大二啦啦操比赛的时候，因为比赛日期在考试月，所以苦口婆心去劝同学参加时，有些人就是不愿意，当时就觉得，我花费了那么多时间与精力，却得不到支持和理解，然后就萌生了辞掉班长这个职位的念头。但当时顾老师一句‘永远会站在你这边’让我有了坚持的勇气。当我们最后表演完毕，获得二等奖的那个时刻，我觉得自己的付出和努力都是值得的，那种感觉一辈子都会记忆犹新。”

从星星一颗变为皓月一轮！

“从大一到现在，我觉得自己变得更自信，褪去了青涩，谈吐和做事情比以前放得开，更加有条理，也没有那么矫情了。抗压能力也在处理各项事务中变得更强。大学时的工作经验让我进入社会时，比一般的同龄人，更懂得如何理智成熟地为人处世。”

南医学子永远优秀！

致药学院学子们：“大学时光说长也长，说短也短。在这段时光中，我觉得大家都会找到你想追求的东西，无论知识还是另一半，大胆勇敢地去追求，不要让自己后悔。地不长无名之草，天不生无用之才。每个人都有发光发热的潜力，你要做的就是找寻属于你的那根火柴，点燃你自己的光，闪耀自己的世界。要相信，我们药学院人，都可以做到优秀。”

经验分享|朱婉欣:考研路上,逐梦未来

今天又是满满的干货分享,让大家了解关于考研外校有什么要点。

接下来让我们追随朱婉欣同学的脚步,探寻她的考研之路和学习心得。

朱婉欣,南京医科大学 2015 级药学专业学生,现考取上海交通大学药学院药学专硕。在校期间,曾担任药学院新闻中心多媒体保障部副部长,多次获得校优秀学生奖学金。

找准定位,放眼未来

"考研的同学大多想要往更广阔的平台走,首先就要清楚自己愿意为考研这件事付出多少,愿意付出多少努力这件事是很主观的,每个人都有自己的限度,要在这个限度内尽可能选择更好的学校。选择专业方面,最重要的是兴趣,其次是擅长,做自己感兴趣的事儿是能够激发自身能量的。往后的学习只会更辛苦,选择自己感兴趣的方向才能走得更远。"

考研路途中,或许有些人会感到迷茫和不知所措,没有了前进的方向,但如同朱婉欣讲的那样,清楚自己的定位和方向,迎接你的将会是更加广阔的未来。

了解学校,联系导师

"当然首选的就是网络啦,也可以加感兴趣的学校的考研群,浏览网上的经验帖,或者向往届的学长学姐咨询。"

"关于导师的信息我是在学校官网了解到的,确定好自己想选的导师后就是联系导师了。大家主要集中在刚出分、确认进复试、复试结束这三个时段联系导师,与导师联系最重要的是真实坦诚!虽然大家可能会听到一些所谓的传言,但其实不必妖魔化这个过程。相比联系导师,你的初试成绩、复试表现才是更重要的。把你的专业知识和技能、语言和逻辑、思维扩展能

力展现出来就不成问题。”

看到这儿，是不是想拿出自己的小本本记下这些干货 tips 呢，接下来还有更多哦。

面试技巧，助你十拿九稳

“面试，首先一定得先了解所报考学校面试的风格，比如一些学校会直接用英文聊专业问题，一些学校则不是，得有所准备。一定会问到的是专业知识，但都比较基础。其次可以看一些你所选方向的前沿研究，或者研究一下所报考学校的老师们最近在做的课题、新发的文章。一定要记住回答问题的时候不要太局限，思维尽量发散。除了扎实地准备专业知识外，从英语口语这方面突破是很好的选择。总之，扎实的专业知识，良好的沟通、语言组织能力和清晰的逻辑都能展现你的个人水平！”

复习之路，漫漫而征途远

“我认为比较科学的复习时间，大概是 7—9 月份每天学习 7～9 小时，之后学习时间逐渐递增，12 月份开始可能得放弃一些无必要的娱乐消遣。当然也不是说只埋头学习，变成学习机器的话也太糟糕了。我们宿舍四个人都考上了研究生，之间有相互影响，整个宿舍学习氛围很重要。如果舍友六点起来学习，你就没办法心安理得地睡到八点才起床。当你想放弃的时候，发现大家都还在坚持，自然也跟着坚持下来了……感谢努力的舍友们！”

或许复习真的会让你烦躁不堪，但复习路上陪在你身边的人，将会温暖那段漫长而枯燥的时光。

适合自己的才是最好的！

“不同的人有不同的学习办法，可能有人喜欢背书，有人喜欢刷题，找到适合自己的学习方法才是最好的，没有必要照搬别人的学习方法。重要的一点是，要去了解所报考学校以往题型和出题风格，这样复习专业课的时候才能更好地把握重点。”

复习妙招，事半功倍

“我想大多数同学是考试月一路狂背过来的，但是把对知识的掌握程度提高 2 倍和 10 倍是有区别的。要提高 2 倍，大家想的是减少休息时间，提高学习效率，多背几句就多掌握几句；但要提高 10 倍，更重要的是构建知识

框架，再填充框架，去把握专业的整个逻辑。”

朱婉欣同学的私家分享，get 起来！

找好学习支点，越过复习难关

“考研复习很辛苦，也很枯燥，有很多想放弃的时刻，心态崩溃是必然的。而且付出得越多越容易崩溃，你会想，我明明付出了那么多，如果没有得到好结果，那我该如何自洽。最好的办法是能做到控制自己不要胡思乱想，给自己找个生活的支点，人也行，爱好也行。如果到了实在坚持不了的时候，就适当给自己放个小假。”

没有人会想做学习的机器，要学会在复习的日子里找到自己的支点，给枯燥的生活增添一抹亮色。

朱婉欣说：“虽然运气有好有坏，但你所付出的时间一定不会辜负你。”愿每个追梦路上的人，都能有所收获，有所回报，你的每一份付出都是值得的。

药学、化学知识与实验技能操作大赛经验

|事虽巨，坚为必成

10 月 13 日举行的第十届药学、化学知识与实验技能操作大赛在经过长达两个小时的激烈角逐后，最终成功诞生五个一等奖，他们分别是：

药学、化学知识竞赛组药学 1 班代表队

实验操作药理学组 2016 级康达药学代表队

实验操作药物分析组 2016 级临床药学 2 班代表队

实验操作分析化学组 2017 级康达药学代表队

实验操作有机化学组 2018 级临床药学 4 班代表队

透过他们在台上领奖时脸上由衷绽放的笑容，不难发现，他们确实在平时下足了功夫，才会对这来之不易的荣誉如此珍惜。

获得药学、化学知识竞赛组一等奖的药学 1 班代表队以及获得实验操作药理学组一等奖的 2016 级康达药学代表队在接受采访时都不约而同地提到了：平时的积累和自身的信心。一等奖的获取不是偶然，而是他们的不懈努力使得他们站上了领奖台。“只有相信自己的实力，在实验中出现问题时才能从容不迫，淡定地做下去”，来自 2016 级康达药学代表队的龚嘉明说道。

与药物分析实验已经阔别一年，但在这次比赛中依然拔得头筹的 2016 级临床药学 2 班葛文迪和林兰同学在采访时说道：“取得这个成绩对于我们而言是出乎意料的。”实验步骤陌生又熟悉，在实验过程中，两位同学都争取将失误降到最低。在实验方面给大家提出的建议是：不要怕，敢于动手。

2018 级临床药学 4 班代表队获得了实验操作有机化学组的一等奖。在被问及知道结果之后的想法时，他们说道：“没有想过会得第一”“刚开始其实也很害怕会做错”“其实，有些批评是意料之中的批评，因为平时做的确实很少。”但当你进入实验状态的时候，就会慢慢忘记比赛，也不会那么害怕出错了。

2017级康达药学代表队夺得了实验操作分析化学组一等奖。在采访过程中，三名同学都十分激动，觉得自己发挥出了最好水平。在问及他们比赛时的心路历程时，他们表示："由于之前做好了充足的准备，所以比赛时很冷静。"一切的苦难都是加冕时的鲜花。平时一点一滴的积累最终才会汇成一片汪洋。

不是每一次的努力都会有收获，但每一次收获都必须通过努力才能得到。人生如舞台，不到谢幕，你永远不知道自己有多精彩。台上的他们光鲜亮丽，可我们却体会不到他们在台下付出的心血。

道固远，笃行可至；事虽巨，坚为必成！愿你能如越洋海燕一般，只管拼命地往前飞！

双创经验谈|赛途艰辛，携手同行

风温柔是遇到了合适的天气，人强大是遇到了好的团队。

在2019年的第十二届全国大学生药苑论坛上，我院2016级临床药学专业林雯、吴洲悦，2017级临床药学徐翔和2019年研究生王帅帅同学带着项目“Tmem74缺失介导的小鼠焦虑样行为鉴定及机制研究”参赛。

四位同学从毫无头绪到沉着自信，从失落迷茫到全力协作，一起携手同行，最终从198个项目中冲出重围，荣获创新成果二等奖和优秀壁报奖。

全心协力 共同探索

为了此次的创新大赛，四位同学在各方面做了很多的前期准备。

首先是阅读文献，从浩瀚的科研资料中找出与课题相关的文献，然后制作PPT和壁报，他们研究的方向是小鼠焦虑样行为鉴定和机制，尽管平时课程关于这方面的知识较少，但是四位同学合理分工，在老师的指导下开始井然有序地进行实验，记录数据，每天演练汇报流程。

拨雾见光 迎难而上

准备的过程也并不是一帆风顺的，课题中研究的机制部分和电生理有关，这是团队中四人从未涉足的领域。

他们并没有因此气馁，面对或高深或幼稚的问题都虚心请教，直到弄懂。尽管准备过程充满坎坷，但是他们没有抱怨或放弃，而是继续坚持和努力。

回首答辩 满是星光

更加有挑战性的是交流和答辩环节，林雯同学当天有些感冒，非常担心交流壁报和课题答辩时自己会力不从心，害怕评委提问环节自己还有遗漏

的地方。

队员们一直在鼓励支持着她，一次次地给她进行答辩预演，向她进行模拟提问，同团队的徐翔同学抚慰她说："肯定没有问题的，几乎所有的点我们都准备到了，你一定可以！"

整个团队顺利完成汇报交流，出色地完成答辩，并荣获创新成果二等奖和优秀壁报奖。赛后林雯同学说："队友们让我感到很心安，很幸运与他们一起参加这个比赛。"这四位优秀的同学为我们带来的是一个优秀团队应有的刻苦钻研、团结协作精神。

大厦之成，非一木之材也，大海之阔，非一流之归也。四位同学展现的科研素养与团队精神值得我们每个人学习和借鉴，相信药学院学子在未来可以乘风破浪，为药学院带来更多的荣誉，摘得更好的成绩，共筑药学院美好的未来。

双创经验谈|创新之光，照亮前行之路

以梦为马，不负韶华

宋叔和曾说："敏于观察，勤于思考，善于综合，勇于创新。"而在药学院，就有这样一个富有创新精神的团队。

在第十二届全国大学生药苑论坛上，由陆凯琴、郑立博、储楚、李美燕等同学负责的项目"基于BAS和BIS的慢性病患者仿制药认知与态度调查与分析"荣获创新成果二等奖。

在问到李美燕同学如何在高手如林的赛场上发挥出色时，她答道："在比赛过程中团队的小伙伴就像我坚强的后盾，陪伴着我，给我信心、勇气和力量，让我能够克服胆怯，自信地站在比赛的舞台上。"

敏于观察，勤于思考

"慢性病、仿制药"是与民生息息相关的两个词，但是，许多人只是草草了解，即使是慢性病专家也很少有人去关心慢性病患者对于仿制药的认知和态度。当确定这一研究方向后，大家就开始了紧锣密鼓的赛前准备。

首先是广泛阅读相关文献资料，主要是中文文献，还有国家关于仿制药的一致性评价和带量采购的政策发展。接着大家跟着指导老师对药监局、医院以及药企的相关专业老师进行访谈，了解当前我国消费者对于仿制药的认知和态度，并初步设计问卷初版。对一小部分的消费者进行调研，优化问卷结构，完善问卷内容。正式施测过程中，团队的同学们在南京部分三级医院的门诊和住院部对慢性病相关患者进行调查。最后在统计学老师的帮助下对数据进行处理修正与分析。大家走的每一步都有条不紊，做好记录，跟老师反馈沟通，虽然困难重重，但还是一一解决了，最终呈现出来的结果

是团队几个月以来努力的结晶。

敏于观察民生现象，善于思考问卷问题，这为比赛打下了坚实的基础。

善于综合，勇于创新

比赛的过程并不是一帆风顺的，在到达比赛现场的前几个小时 PPT 依旧没有定稿，一直在做改动，力求尽善尽美的陆凯琴同学心中难免有一丝慌乱，必胜的决心也曾有过动摇。但是，团队的伙伴们一直陪伴着她，一遍又一遍地演练，助她模拟现场答辩，重塑信心。

现在回望比赛时的点点滴滴，大家都感触颇深，也对团队的获奖做出了总结："首先，我们团队这几个月在调研过程中分工很明确，比如在信息整合、数据处理、分析验证等方面进行了分工，这让我们的工作一直有条不紊、高效率地进行着。其次，我们会根据每次预答辩老师给的意见进行修改，善于总结，不断提高。最后，凝聚力也是一个团队必不可少的因素。"

善于综合个人能力，勇于创新研究方法，就是团队的必胜之策。

流沙河在《理想》中写道："请乘理想之马，挥鞭从此起程，路上春色正好，天上太阳正晴。"在创新的路上，药学院人一直在努力，越来越多的同学在比赛中展现出自己良好的科学素养和实操能力。希望大家能怀揣创新的理想，在科研之路上越走越远。

爱我药学

AIWOYAOXUE

导语

初识药学,它戴着化学的面纱,神秘而又高深莫测,但接触药学后,藏在神秘面纱下的,是它独特的魅力。探索化学分子式里的精妙,观察试剂反应时的新奇,进行药物研发时的乐趣……一点一滴构成了药学生的日常。在学习药学的道路上,我们从对专业知识的不解到热爱,从对职业的模糊到清晰,从对科研的畏惧到坚持,这个过程不仅是学习也是成长,药学已经深深扎根于我们的内心。

在“爱我药学”这个版块,有对未来就业方向的解析,对药物研发过程的讲解,还有药学院同学们参加的各类竞赛的介绍,考研宝典以及药学专业的发展等等。可以扫除大家对于药学的疑惑,加深大家对药学专业的理解。

新生特辑|药苑“药”知道

欢迎所有来到药学院的小萌新们！看着你们在群里面踊跃问问题的样子，不禁开始期待开学与大家见面的时刻，今天小华将为各位小萌新们简单介绍一下我们药学院的大家庭。

学院简介

南京医科大学药学院成立于2002年，学院自创办以来，不断发展壮大，教学管理不断完善，教育教学质量不断提高，教学实验室设施优良，教学、科研、科技开发和社会服务均取得较好成绩。

学院现设有7个学系(化学系、临床药学系、临床药理学系、药物化学系、药物分析学系、药剂学系、核药学系)、1个研究所(干细胞与神经再生研究所)、2个省级重点实验室(江苏省心脑血管药物重点实验室、江苏省基因药物技术中心)、1个省级教学示范中心(江苏省药学综合实验教学示范中心)。

近年来学院承担“重大新药创制”科技重大专项、国家自然科学基金重点项目、重大研究计划项目、优秀青年科学基金项目、省自然科学基金重点项目、省杰出青年科学基金项目在内的重大研究20余项。国家自然科学基金面上项目及青年科学基金项目年均10余项。发表SCI论文年均50余篇，篇均IF为4.0以上。获得授权的国内专利年均10项。获教育部自然科学奖一等奖1项、二等奖1项，江苏省科学技术奖一等奖2项，江苏省教学成果奖二等奖1项。

近年来获全国优秀博士学位论文提名1篇、江苏省优秀博士学位论文3篇、江苏省优秀硕士学位论文6篇、江苏省优秀本科毕业论文14篇。

本科生多次获全国药学专业大学生实验技能竞赛、全国大学生药苑论坛特等奖、一等奖等。

药 苑 风 华

药苑风华是药学院的官方微信公众号，为大家带来药学院的第一资讯、学霸的学习经验以及有关药学的各大时事热点。想要了解有关药学院的信息，打开药苑风华微信公众号是你的不二之选。她还有个小姐妹叫药苑小华，主要是在QQ上运营。小华是个乐于助人的"好孩纸"，愿意在任何时候给大家提供帮助哦。

五大学生机构

某高中生说："除了学习，我一无所有。"某药学院学生说："除了学习外，我还可以去采访优秀的学长学姐，与教授面对面交流，运营微信公众号，学习摄影、P图技术。因为我是新闻中心的部员。"

到了大学，你将拥有更多的方式展现自己的才华。药学院五大机构（学生会、团总支、新闻中心、创新创业中心、慢性病咨询与服务团队）欢迎你的到来。

学生会是与学生息息相关的机构，药学院同学的日常学习、工作、娱乐以及后勤保障工作都由学生会的各位成员负责组织开展。

团总支是在学校党委和团委组织的领导下，学生围绕学院党团中心工作，肩负团结青年、引领青年、服务青年的职责的先进青年组织。

新闻中心用各种形式宣传药学院各项会议和活动，最终把文字、照片和编辑排版合为一体，以公众号或简报来增强大家对药学院的认识。

创新创业中心引领学院"创新风尚"，开展公益、科研及外联各项工作。

慢性病咨询与服务团队通过对慢性病进行研究与科普、发表学术论文与线下社区推广，加强大众对慢性病的认识与了解。

新生特辑|药学院毕业生就业方向简介

就业前景

随着“健康中国”事业的推进，人民生活水平的提高，社会对药学人才的需求正在增加，本专业的大学生就业率高达95%。

制药业发展较快，尤其是生活水平提高以后，人们对保健品的需求在增大，企业对药学人才比较青睐。总体来说，药科类毕业生供小于求，各医药公司、制药厂是吸收这类毕业生的大户，制药业对人才的需求是稳中有升。据中国药科大学、沈阳药科大学、四川大学华西药学院、北京大学药学院就业工作负责人介绍，近几年，药学人才总体供需比达到(1∶3)～(1∶4)。

就业方向

临床药师

由于临床药学专业自身的特点以及现在尚不成熟的临床药师体系，临床药学专业与药学专业之间的区分度尚不明显，故就业领域有很大的重叠。临床药学专业的就业前景相当乐观，就业方向主要是医院、药店、药品生产企业以及经营企业等。

临床药师在患者药物治疗中作用明显，主要体现如下。

(1)防止用药错误(ME)：临床药师通过参与药物治疗、用药医嘱或处方审核，及时发现并纠正临床医生处方、用药医嘱以及护士给患者用药的不规范、不适宜等。

(2)负责药物不良反应的监测、登记、医学报告工作，防范减少药物不良事件的发生。

(3)协助临床遴选药物，制订药物治疗方案，监护患者用药情况，随时提出改进措施，指导安全、合理用药，提高药物治疗水平。协助临床医生做好新药的试用、观察及疗效评价，记录并整理药物治疗的各种资料；提出改进和淘汰药物的品种；检查、监督临床用药情况和药品质量。

(4)建立临床药学实验室，监测血药浓度，研究药物在体内的分布、代谢、排泄及相互作用等过程，为临床合理用药提供科学依据，并接受临床医生的用药咨询。

研 究 员

药品开发和研究是药学专业较为基础的对口工作之一，对专业能力的要求比较高，有些单位对学历也有较高的要求。

研究员的工作大多是在实验室里做实验、写实验报告，涉及产品优化、方法改进和样品检验等工作，要提交相应的工作记录和报告。在工作中，研究员要操作多种仪器设备，不仅要熟悉实验室的研发过程，还要了解产品投入生产的具体工艺流程。这就要求同学们能够熟练使用 HPLC、GC 和 LC-MS 等分析仪器，在掌握专业技术的同时也要扩充工业生产相关知识。

技术和研究工作可能会比较单调，甚至枯燥，但是对于想从事研发和科研工作的同学们来说，这是必经之路，以后可以进入国企或外企研发部门发展。另外，因为做实验难免接触化学品和生物制品，同学们一定要注意做好防护措施，避免一些可能对身体健康产生影响的因素。

QC & QA

药厂中的与质量管理有关的职位有 QC(质量控制)和 QA(质量保证)。

QC 的工作是对已生产的产品或生产过程中需要控制的关键物质进行实验分析，确认是否可以放行。因为工作中涉及光谱、液相等检测方法，所以这一职位对实验仪器的操作能力要求比较高。

QA 的工作涉及整体工艺流程及设备。工作内容是对生产过程中的关键点进行质量把关，确保产品在生产过程中不受到任何因素影响而导致质量下降，以及发现和预防生产过程中的质量风险等等。想做 QA 或工艺员的同学要有扎实的专业知识基础，懂得各个剂型的生产流程以及熟悉必要的设备。

药 剂 师

药剂师是负责提供药物知识及药事服务的专业人员，从业单位包括医院药房、医药公司、零售药店以及政府部门。

除药品检验鉴定、临床研究、制作新药及中草药提纯等专业领域外，药剂师还常见于各大零售药店，其主要职责是按照处方为顾客配药、向顾客说

明如何服用等相关事项、回答患者和其他专业医务人员的咨询等等。医院药房也是能常见到药剂师的工作部门，医院的工作虽然比较辛苦，但是好处在于稳定，适合追求安稳工作的同学。

想在药厂、医院或零售企业工作的同学们都可以在工作3年（硕士1年）后考执业药师资格证，既是对自己专业知识的认可，也有利于未来职业发展。如果同学们是在医药公司里从事管理方面的工作，也可以考执业药师资格证。

医药代表、学术推广代表等

医药代表是一个比较特殊的职业，相对于普通行业销售来说也比较特别。因为医药代表不仅需要具备销售的基本技能，还要掌握医学和药学相关的专业知识，所以事业心较强、想靠能力打拼事业的同学们可以考虑医药代表这一职业。

医药代表需要通过日常拜访和学术交流，让医生形成良好的处方习惯，推广自己公司的产品，实现销售增长，并且要将临床治疗效果和副作用定期反馈给公司，还要协助组织各类学术会议等等。

一名专业的医药代表不仅要善于交际、具有扎实的专业知识和很强的学习能力，还要有责任心、事业心以及正确的职业价值观。在积累一定的工作经验后，医药代表可以在企业市场营销部门向营销主管、市场经理以及市场总监方向发展。

找工作不仅要看专业，还要根据自己不同的情况来选择，应该考虑到自身的能力、特长和性格特点，“随大流”未必适合自己。很多毕业生在入职之后才发现工作内容与想象差距甚远，最终只能离职。频繁跳槽对我们没有好处，在一个岗位上的长足发展才能给自己带来意想不到的收获。

南京医科大学药学院本科毕业生去向

南京医科大学药学院本科毕业生约45%保研或者考研。其中，35%留在南京医科大学，10%去往医院读专硕或者其他高校深造学硕。

50%应届本科毕业生就业，医院和医药企业是他们的主要去向，当然也有同学别寻他路，比如考公务员、出国、应征入伍，或者创业。总的就业率达96%以上。

临床药师是什么？学姐归来，为你解答！

临床药师能做什么呢？

每一个药学院的学子想必都有这个疑问，2019 年 9 月 23 日，唐棠与东部战区总医院药理科临床药学室的几位老师一起，来到了南京医科大学与药学院的学生们进行了一次深入的专业交流。

东部战区总医院药理科临床药学室负责人黄晓晖为大家讲解了临床药学的工作，包含了临床药师的各项职能（包括负责患者的合理用药、联合会诊、患者出院后的回访等），通过分析数据，黄晓晖老师展现了临床药师参与临床治疗方案后患者的各项不良反应明显减少，进一步说明了临床药师在临床工作中的重要性。同时，黄晓晖老师也为大家展示了他们在工作中参与会诊病例讨论时的各种照片，丰富了大家对于临床药学工作的真实印象。

为了使大家对于临床药师的工作有更加清楚的了解，抗感染专业药师岳慧杰从自身平时的各项工作出发，详细解析了各项临床工作的细节，包括临床药师的培养周期至少要五年，合格的临床药师所需要具备的各项综合素质与能力，与患者及医生相处中的注意点等，为大家指明了方向。同学们对于岳慧杰老师的演讲很有兴趣，大家纷纷提出关于临床药师的相关问题，并得到了解答。

同学们都非常关心的问题是从事临床药师工作后是否还能专注科研，来自基因检测实验室的初亚楠老师为同学们进行了解答。她在东部战区总医院从事的是药物基因组学相关的基因检测工作，初亚楠老师以自己平时的工作为例，向大家展示了临床药师所从事的科研工作。

作为一名合格的临床药师，在当今互联网大数据时代下，普及与宣传用药知识也是评估一名临床药师是否合格的重要指标。唐棠药师凭借自己的兴趣爱好，开发了小花药师公众号，对大众的用药误区起到了良好的矫正作用，同时也鼓励大家成为一名优秀的临床药师。

相信听完讲座，大家受益匪浅，而前期小编也收到了大家的很多疑问，不用担心！听唐棠学姐已经为我们做出的解答！

Q：临床药学专业的同学毕业后在医院可以做哪些工作？

A：在医院的工作主要还是在药学部，根据具体的工作内容的不同可以分为调剂药师、审方药师、临床药师、信息药师等。

Q：报医院的研究生会不会更有优势？如何成为医院的研究生？

A：如果有临床药学的工作经验，在应聘时是相对有优势的。

Q：临床药师的工作阻力是什么？

A：我认为临床药师工作的阻力主要包括两个方面：一是外界的阻力，现在药师的工作还处于转型的阶段，很多医生和患者还没有接受药师可以走向临床。二是自身的阻力，很多年轻的临床药师自身的能力还不足以提供优质的药学服务，还需要不断的学习和积累。

Q：临床药学专硕和学硕的区别有哪些？

A：临床药学的专业型和学术型硕士，一般来说与其他专业一样，分别针对专业技能和科研能力进行培养。但具体也与就读的学校的培养模式有关。

Q：若是基础医学院毕业的研究生，本科是临床药学，将来可以做临床药师吗？

A：可以的。目前在医院做临床药师基本都需要进行临床药师规范化培训，而培训对专业有要求，感兴趣的同学可以了解一下。相对来说，药学或临床药学专业且有临床经验的高学历人才更受医院欢迎。

Q：目前国内对临床药师人才的需求情况是怎样的？

A：因为前几年的发展，目前三甲医院招聘临床药师的数量与几年前相比有些下降，但还是有很大的需求的。

Q：临床药师相关的考试有什么？

A：目前临床药师的考试主要有三个方面：一是医院药师晋升的职称考试，二是临床药师规范化培训及高年资临床药师的临床药师规范化培训的师资培训，三是各家医院自己的考核。

Q：为了毕业进入医院，在大学期间应如何做准备？

A：第一，学好药学、临床药学相关的课程，打好知识基础。第二，培养自己的个人能力，如沟通交流能力和学习能力等。

Q：留校科研和报考临床药师会有所冲突吗？

A：临床药师规范化培训对培训者有要求且需由所在医院送出培养，所以就读研究生是没办法在医院从事临床药师工作的，也就没办法进行临床药师规范化培训。

Q:临床药师的发展情况及与医生之间的关系如何？

A:我们通过提供用药建议、解答医生的药学问题、做好患者用药教育等去协助医生为患者做好药物治疗的工作。

Q:是否需要从事科研工作？

A:需要的。

药师谈|

听说过AlphaGo、“沃森”医生，但你了解智能药房吗？

“沃森”医生2小时为21名癌症患者进行义诊，引起医疗界惊呼。人机大战，AlphaGo以0比3战胜围棋世界冠军柯洁……人工智能(AI)的降临再度成为话题。

在我校刚刚结束的综合评价录取面试中“人工智能”也成为热题。

“沃森”医生是医疗行业的人工智能，那么在药学专业领域，智能药房的出现，又带来了什么改变呢？

提起药房，很多人的印象中是这样的画面：一名药师，一手拿着处方，一手在琳琅满目的药架上快速搜寻目标……而在中药房可能还要药师拿着小秤，在几百个中药柜里找药……

如果哪天，你再去医院的药房取药时，看到的不是繁忙的药师，而是由一系列智能系统完成的配药、发药，你会不会惊喜中带着赞叹？

为了了解更多智能药房的情况，小华采访了南京医科大学附属逸夫医院药剂科的唐玉林主任。

智能药房在江苏

“江苏最早开展智能药房的是苏州的张家港市第一人民医院，南京医科大学附属逸夫医院现在也引进了一台韩国进口的单剂量分包机，目前正在调试安装。”知道小华的来意后，唐主任开门见山地讲起了智能药房。

什么是智能化发药系统？唐主任介绍说，智能化发药系统包括门诊药房发药机、住院中心摆药机、药品储存机、电子标签、中药配方颗粒机及中药饮片调配中心，对于中药房和西药房都很适用。从全国范围来看，单剂量片剂分包机有2000多家医院使用，发药机近1000家医院使用。并且随着医改政策的推进，智能化发药设备数量整体呈上升趋势。其中南京医科大学附属逸夫医院也是南京第一家引进全自动智能中药配方颗粒机的医院，不久将服务于周边地区的居民，并能形成一定的服务体系，向外辐射。

这就是智能药房，无须人工干预，完全机械化自主完成。采用药品调配自动化数字药房的模式，由快速发药系统、药品智能存取系统、自动传输系统、自发光药篮组成。药房自动接收处方信息，经全自动的快速发药系统或药品智能存取系统调配后，快速传输至发药窗口发药，最快能达到8秒取药。智能药房已逐渐出现在各大医院，南京市儿童医院、江苏省中医院等都开始采用智能药房。

省时省力，智能追踪

谈到智能药房的概念，唐主任耐心地纠正了小华的“浅显”：与传统药房相比，智能药房的概念其实不止局限于一间药房。随着“两票制”的实施，它是药品从厂家、公司到医院的管理体系，是生产到销售再到患者使用的一个一体化的“大药房”，不是简单引进几台设备就能称得上智能药房。

与传统药房相比，智能药房的优势有哪些呢？唐主任讲到，智能药房的概念引进和实施，首先提升了医院药品的管理水平，提升了医院的品牌形象，做到全流程可跟踪，可追溯，一旦出现情况，就能知道是哪一环节出现了问题。其次，智能药房在月末盘点时能自动核查清点药品数量，具有温湿度自动控制系统，查看有效期，省去了大量的人力物力，也保障了患者用药准确性、安全性。以前都是人工配药、核对药，难免会有疏漏和接触污染药品的现象。最后，智能药房的出现，解放了药师，使其能有更多的时间和患者沟通，药师从“围绕药转”，转移到“围绕人转”，由后台走向前台，更好地为患者提供专业的用药指导服务。

药学专业人才：应用和服务相结合

智能药房的出现，很大程度上解放了人工劳动力，唐主任讲到这些优势时，小华脸上“欣喜”与“迷茫”相夹杂，欣喜的是毕业后可以不再是他人眼中的“发药的”了；而迷茫的是未来的药学生该何去何从？

唐主任看出了小华的小心思，给大家分析了当下药学专业人才的发展要求。

如唐主任所说，随着智能药房的引进与推广，各个医院势必也会改变对药房的管理策略。智能药房比人工效率高，因而可解放大量的人力资源，所以对于药学专业的同学来说，那句“毕业后去药房发发药”的话已经过时了。药学专业的学生要从以前的应用型人才，转变为应用和服务相结合。以前

只要认识药方，找到药品，将药品准确地发给患者就可以了，现在需要下临床，指导临床医生和护士合理用药；与患者交流沟通，提高患者用药的依从性，解答患者的用药困惑。唐主任还建议药学专业的学生积极参与药物的血药浓度监测和临床精准个体化药物治疗的研究。

“作为医学生，每个人都需要及时关注社会发展，了解自己专业发展的最新动态。”唐主任在最后表示，希望同学们，能够多关注医药新动向，不断调整自己的职业定位，在大学里有目标地学习，不虚度青春，不为未来担忧。

人工智能是时代潮流，不可阻挡，它正在改变而且还将继续大大改变人们的工作和生活方式，作为当代医学生，要及时关注和顺应社会发展。药学专业的同学也应主动适应智能时代，多关注医药行业新动向，主动运用智能技术为专业服务。与其担忧未来，不如趁现在，努力学习，丰富自己，让自己无可替代！

药苑锦囊:什么是药物研发

作为优秀的南京医科大学药学生,掌握一定的药物研发知识对将来的工作学习大有益处。寒假之中走访亲戚时,如果被问到药学之中的研发问题,我们又该如何应对呢?

这一次的药苑锦囊,小华就为大家简单介绍一下药物研发的过程。

第一步就是先导化合物的合成,也就是合成含有特定化学结构(我们认为可以起到药效作用的结构)的大量化合物。

第二步,进入先导化合物的筛选,也就是从合成的大量的化合物中,筛选出毒性小、药效强的候选药物。

第三步就是早期的临床前(即药理毒理)研究,包括 in-vitro 和 in-vivo(体内和体外)研究。这一步研究的关键是动物模型的选择,应尽可能地弄清楚在针对这一特定在研药物的吸收、分布、代谢、排泄方面,哪个物种与人类最为相近,并以这种模型探索药物的安全性及有效性。

差不多同时开展的还有剂型的优化及改进研究,这个药到底是做针剂、片剂还是胶囊剂,做速释剂还是缓控释剂。这些通常要根据药物自身的理化特性、适应证、作用机制等多个方面因素进行考虑,当然还有企业的成本问题等。

一旦有足够的研究数据证实了药物在动物体内的安全性,就可以开展临床研究了。对于安全性,需要考虑风险收益比的关系,比如治疗一些危及生命的疾病,如用于治疗癌症的药物,可以允许有较大的毒性;而如果只是治疗感冒发热,就必须要求药物具有较宽的治疗窗(起效剂量与毒性剂量之间的一个合理范围)。

第四步就是申请进行临床研究,将药物用于人体。药监部门或政府机构会根据药物早期研究的各种数据,评估安全性、风险收益比,决定是否批准新药临床研究的申请。

第五步，申请批准后就是临床试验了。临床试验分为三个阶段：Ⅰ期临床，主要评估安全性；Ⅱ期临床，评估安全性与有效性；Ⅲ期临床，主要评估有效性。

如果一切顺利，则批准上市；上市后还可以进行Ⅳ期临床（上市后研究）。

药物的研发当然还是离不开我们细心的学习和不懈的努力，所以意向研究工作的同学们更要好好学习！

专业知多少|药学与制药厂的发展历程

2018级的新生们是不是对自己未来的就业方向还有些迷茫呢？今天小华就来给大家介绍一下新中国成立以来药学及制药行业的发展历程吧！

新中国成立以来药学行业的变迁与发展

回顾新中国成立以来医院药学的发展过程，药学行业的变迁与发展过程大致分为三个阶段。

新中国成立初期时，药学只是在药房以生物制剂为核心进行的工作行业。此时的药学行业，处方调剂工作量大，制剂设备简陋，只能手工进行简单的制剂。

改革开放前后，有些药学工作者提出"医院和药学"的概念，药学行业已转向以检验生物药剂学为核心的阶段，开展对复方制剂组方的科学研究，药房处方调剂工作量逐步减小，从把控工作质量转向关注临床上的使用等重要方面。

当今时代，药学行业在为医院创造经济效益方面有着举足轻重的作用。越是这样越要重视社会效益，药学行业应担负起监督临床合理用药的重任并向着适应临床医学需要的方向发展。

大型药厂的崛起与发展

药学如今在新型制剂领域拥有强大的"国家队"作为后盾，研发能力首屈一指。随着行业竞争的加剧，国内制药厂愈来愈重视对发展环境和客户需求趋势变化的深入研究，大批国内制药品牌迅速崛起，比如北京同仁堂、广东白云山、广西三金等，它们不只是崛起，还将带动制药行业将来的发展。

20世纪90年代以来，我国制药行业取得了突发猛进的发展，制药的投入以年均25%的速度递增。2010年是生物制药行业的小丰收年，其投放总

额达到452亿元。企业技术创新与研发费用的大力投入，提高了企业经济效益。

药学行业各个时代的机遇

新中国成立初期，国家百废待兴。不同于美国药学的高地位，药学行业在中国的医药事业上处于空白期，水平低，发展慢。

随着改革开放的深入推进，药学行业的空白终于得到了填补。国外先进科学技术的引入推动了药学的发展，加快了药学的转型与药师观念的更新，提高了药学的技术水平，使药学及时掌握了自身的发展方向。

现如今，2009年医改的进行和展开，带给药学巨大的发展机遇。医改促进了覆盖城乡居民的基本医疗卫生制度的建立，扩大了医疗服务市场；加快了国家基本药物制度的建立，扩大了仿制药的使用率和占有率；城乡基层医疗卫生机构也全部配备使用，划清了市场界线。

药学行业与制药企业从古至今便在中国医药史上占有重要地位，从中医药的传承到西医药的学习再到中西医结合共同发展，它们相依相存，并驾齐驱，共同发展！

药学院开展“走进奥赛康”党日活动

为使学生党员更好地把握自己的未来定位，加深对自身责任的认识，11月25日下午，南京医科大学药学院携手江苏奥赛康药业有限公司（下文简称奥赛康）共同举办了“走进奥赛康”药企参观活动。在学工办顾莹老师和张彦会老师带领下，药学院学生党员和入党积极分子参与了此次活动。

寒冷的天气抵挡不住大家热情的心，三十分钟的路程，一路欢歌笑语的我们很快抵达了位于江宁科技园的奥赛康。刚进入公司大门，就看到了门口迎接我们的公司人力资源部的领导，随后在工作人员的指引下，我们先来到会议室，药企工作人员向我们详细介绍了奥赛康的发展历程、强大的研发能力、现有创新成果及发展前景。

奥赛康作为一个做消化道药物起家的企业，目前产品已在抗消化道溃疡药物和抗肿瘤药物两大领域获得突破和创新，已是中国PPI注射剂研发、生产、销售的领军企业和较大的生产企业之一，同时在抗肿瘤药物研发领域，已成为中国抗肿瘤药物注射剂品种较多的企业之一。

在公司工作人员的介绍后，终于迎来了大家期待的互动环节，同学们积极活跃地举手提问，就自己对就业和考研的疑惑、面试要求、工作方向以及工作环境等提出了问题。

奥赛康研究所人事部主管徐敏就大家提出的问题给出了以下建议：

①面试时真实地展现自我，表现出对所求岗位的重视；

②根据公司的发展需求，招聘岗位年年有变化，希望同学们及时关注招聘动态；

③投简历时根据自己的就业规划做出选择，同时要拓宽自己的视野，不拘泥于自己所学专业；

④多方面培养自己，注重复合型人才的培养。

随后，大家在公司人力资源部吴静顺老师的陪同下一起参观了奥赛康

的展厅和生产厂房，看到了他们一面面的专利墙和获得的无数个奖章。有同学谈到自己的感想时说，“看到一面面的专利墙，我发现自己需要更加努力，希望有一天有属于自己的专利。除了更好地学习课本外，还要提前想好自己未来发展的方向。”

通过本次活动，同学们进一步增强了对本专业的认同感，对自己的就业规划有了更清晰的认识，也更加坚定了自己前进的方向。

药学院举办药学专业考研经验交流会

2017年11月23日晚六点，药学院在k117教室举办考研经验交流会。药学专业全体大三学生参加了交流会，本活动由药学院学生会主席董泽中主持，活动特别邀请了学海考研韩源老师为大家讲解考研路上的经验。

首先，韩老师给出了一组数据：去年网上报名考研共有200万人，实际参加考研人数只有170万，但坚持到最后的只有79%。通过这组数据，韩老师向在座的同学们阐释了考研最重要的是坚持，也拉开了此次交流会的序幕。

韩老师提出考研的几个要点：每天坚持学习三至四小时，舍弃与考研无关的一切，永不放弃……这些看似简单的要点，却需要大家的坚持。接着，韩老师解释了一级二级学科的区别、专业代码以及专硕和学硕的区别。

随后，韩老师建议大家先选专业再选学校。选专业时，注意就业前景以及师资设备；选学校时，要问清考试科目、专业教参、初复试分数线、复试差额比例及权重、就业前景等。为了让大家更好了解考研，韩老师还详细地讲解了英语及政治试卷的题型及所占比重，向大家推荐了一些复习方法。

整场讲座韩老师用幽默的话语为大家解释了有关考研的一系列问题，解答了同学们提出的疑问并为大家提供了一份切实可行的“考研经验大餐”，同学们听得认真仔细，纷纷表示对考研有了更加清晰的认识，理清了自我学习规划。

考研秘籍·决敌篇

本次的考研交流，我们邀请到了保研成功的姚梦成学长。

关于如何考研，相信关注药苑风华的小可爱们都已经熟记于心了，那今天就来探一探大佬都是如何获得保研资格的。面对同学的采访，姚梦成学长显得低调又沉稳，谦虚而又毫不保留！

下面来看看大佬的保研经验吧！

Q:保研有什么硬性要求吗?

A:硬性要求辅导员都会跟你讲，就是绩点前 25%，计算机过二级，获得过三等奖学金以上，无挂科……

Q:学长和我们分享下学习方法和经验吧！

A:方法谈不上，只有一点经验供你们参考，大学课程的学习主要靠自己，上课的时候自制力差的同学可强迫自己坐在前排，效果很好，课后不要急着回去，花半小时在教室或者图书馆认真消化今天的课程。

Q:可是诱惑实在是无处不在，很多同学缺乏自制力，就像你说的每天花半小时消化，很多同学也有这样的计划，但事实却是上课都无法集中精神，更愿意看剧，刷空间，那你是如何克制自己的呢?

A:课堂效率高，比你回去自己看 PPT 学要好得多，现成的机会在面前为什么不珍惜呢? 还有一点很关键，宿舍绝对是所有大学生的舒适区，要尽量减少待在宿舍的时间，千万不要相信在宿舍也能安心看书的鬼话，环境不允许。和志同道合的同学一起学习，成立一个互助监督小组，约定每天学习的时间、地点。充足的睡眠极其重要，它能决定你一天的效率，千万不要熬夜。

Q:有没有什么时候是自己很不想学习的，又是如何调节的?

A:给自己规定一定的娱乐时间，到了点就可以休息，随便干什么，现在不想学习无非是玩手机，手机交给别人保管也是个方法(小编觉得这真是个不错的方法,可以试一下)!

Q:平时上课呢,会通过记笔记来使自己注意力更集中吗?

A:很少记本子上,记在书上又快又好找(不爱记笔记的同学的福利:随手划下知识点,又快又好找)。

Q:考试之前的备考时间都是如何安排的呢?

A:会有自己的复习计划,一般提前一到两周,告诉自己按什么顺序复习,每个人的复习计划都不一样,因人而异。更细致的我就不讲了,一般一门科目,我都会先过一遍PPT,有时候老师也会在PPT上标重点,然后再看书,最后再过PPT。做题方面,个人习惯吧,有人喜欢看完书做,我偏向于看书前做,然后到书上找知识点。(大佬可真是不走寻常路,小编在这里再强调一句,因人而异!)

Q:大学会有很多社团活动,很多人说多多益善,你觉得呢?

A:社团参加一到两个就好了,太多确实会耽误时间。

聊了这么多,大家是不是觉得姚梦成学长十分的耿直呢?还有一点就是真的很爱学习!由此可见保研不容易啊,听了学长的经验是不是顿时满腔热血,想要大干一场,心动不如行动,看完这篇文章,就放下手机投入学习的怀抱吧!愿每一个爱学习的你,有梦想的你,都可以一直努力变成你想要的模样!

考研秘籍·凌霜篇

今天有幸邀请到12级临床药学的孔垂玉学长来为同学们编写一本霸气的考研秘籍！走过路过不要错过！

01 考研与保研有何区别呢？

考研需要参加研究生入学考试；而保研不需要考试，只需要面试，拿到保研资格即可。

02 临床药学获得保研面试资格的要求有哪些？

大学绩点在年级排名前20%，本科期间无挂科，至少获得省级以上奖项一项或奖学金一次（除单项奖学金），一次特等奖学金可以加1分。当然英语六级、计算机二级也是必须要过的。

03 保研的流程大概是怎样的？

首先获得面试的资格，然后参加面试，面试成绩优秀的得到保研资格；接下来就可以选择学校、专业、导师。我当年的绩点是3.72，最后相当于87分，然后获过两次特等奖学金，最后相当于89分。

04 临床药学保研的方向有哪些？

药学和临床都是可以的。细分大致是药分、药化、药理、分化、临床药学等等。

05 研究生阶段主要做什么？

研究生其实分为学术型硕士（学硕）和专业型硕士（专硕），学硕的方向一般是科研、做实验这些，而专硕则一般是去药企实习。对药学专业来说，这两种差别对就业的影响不是很大。

06 本专业保研到临床医学的成功率有多少？

在面试时，考官会问你的意向学校和学院，如果你想要考到别的学院，除非你足够优秀（比如绩点4.0以上，获过比较多的大奖等），不然很可能保研失败。还有，我们专业考去临床医学，只能选学术型硕士，而且不能考执业医师，也就是不能做医生，所以我们选择自己学院的比较多。

07 听说国内和国外教材差很多，有没有必要去看国外的教材？

我暑假有在美国的实验室待过，书的质量差不多，我认为没有必要。当然，如果你学有余力，可以找一些国外的原版书籍来参考（比如药理、生理、生化）。

08 想要出国读研，需要做哪些准备？

一般九月到次年的三月是准备的时间，需要有一定的英文水平，GRE和托福要求比较高，托福一般要求分数在100分以上（120分满分）；同时绩点也要比较高；欧洲要考雅思，美国对GPA有要求；还有花费的方面，一年的学费大概是25万，4年接近100万，所以一般家庭不建议出国读研，毕竟国内外研究水平实际上差不多。

09 对大一、大二的学弟学妹有什么建议吗？

如果想要保研的话，在一个班接近30人的情况下，绩点尽量保持在班级前5名，至少要拿过一次奖学金，当然不能挂科。同时，六级的分数尽量要高，计算机二级也是一定要过的。

还有，要告诫学弟学妹们，不要用一种完全功利化的思想去学习，因为你现在学的内容以后指不定哪天就可以用到。因为现在交叉学科前景很好，比如药理学和药剂学，所以多学一些知识和技术是很重要的。同时，可以参加各个方面的活动，找到自己感兴趣、能做好的方向。

最后，不必每天都想着我要转临床，你可以为了这个目标努力，但一直对这件事心心念念，你在这个专业会活得很累。

10 对于现在正处在迷茫中的临近毕业的学弟学妹想说些什么呢？

现在有些人仅仅是为了逃避现实，没有目的地去读研，有些人可能是为了更好的就业机会，有些人也可能是为了进一步的科学研究，但其实最重要的是你要清楚自己想要什么。因为做实验实际上是很无聊枯燥的，如果你不适合这个，很可能会每天仅仅想着毕业，过得很累。

我在美国实习的时候，有一位导师说过这样一句话：Find what you love，and never give up！这个老师已经年过60，但仍然每天待在实验室做实验，做事很有激情，其实就是因为他喜欢。

看了孔垂玉学长传授的考研秘籍，你们有没有更加深入了解考研那点事儿了呢？加油学习吧！

毕业季|
励志行：学霸宿舍四人相约一起读研，如今梦圆！

四年前，四位一脸稚嫩的青年来到南京医科大学药学院报到，一起住进了04幢103宿舍，从此开始了他们的大学生活，也开始了这个宿舍的不凡历程。不知从何时起，他们相约一起当学霸，考研。嘿嘿！当学霸很难，在医学院当学霸更难，在女学霸林立的医学院当男学霸更更难，成为学霸宿舍更更更难！

但是，他们做到了！

临近毕业，他们四人一起拿到了考研录取通知书，学霸宿舍在南京医科大学药学院传为佳话！他们是：

姓　　名	录取学校	录取学院	录取专业
陈　洛	南京医科大学	药学院	药理学
周　宇	南京医科大学	药学院	药物化学
蒋立平	南京医科大学	第三临床医学院	药理学
曹　想	南京医科大学	药学院	药理学

毕业论文答辩之后，段振东副书记邀请103宿舍的陈洛、周宇、蒋立平、曹想四位同学共进下午茶，聊聊现在，谈谈未来。下面我们一起来看看学霸宿舍究竟是怎样炼成的吧！

1. 考研这个目标是一开始就定下来了吗？还是当初有受到室友的影响？考研的初衷是什么？

学霸A：首先我们班级的氛围就比较好，大家比较活跃，我们宿舍也是男生当中主要的活跃群体。当时提到考研的时候，大家都觉得，通过三年的学习发现，如果不进一步对专业进行深入的学习和研究的话将来的发展是很受限制的，所以大家都觉得还是要继续学习，于是约好了一起考研。

2. 考研辛苦吗，考研那段时间一般几点睡几点起？回到宿舍后又会做些什么？

学霸C：早上一般是七点钟起来，晚上睡的也很晚，到了临近考研的时候就会早早地去图书馆排队进馆，晚上直到10点闭馆才回宿舍，然后洗漱一下继续学习。尤其是在暑假期间，我们整个宿舍没有人回家，都是在一起学习。

3. 你们能简单谈一谈自己对考研的理解，并给学弟学妹们一些建议吗？

学霸C：首先，要明确目标，如果只是从众心态的话，99%是不会成功的，不知道自己为什么考研的人一般都是坚持不到最后的。你需要有很强的自觉性和主动性，我们学长就曾经告诉我们目标明确了，一般坚持到最后的都能考上，而且你的自律能力也会有很大的提高。

学霸D：药学考研专业分类是很广的，我曾经报的一个学校就分40多种专业，他们的研究方向不同，课题也就不同。如果想进一步了解就需要自己认真学习钻研，真的是越学越细也越深。

4. 我们平常也喜欢去图书馆，但是总是学着学着就想玩手机，该怎么做呢？

学霸C：一定要给自己设定目标并且制订详细的计划，比如我今天上午必须学会哪些知识点，学会后可以玩，不然其实一直看书也不知道自己看了什么，效率很低。

学霸B：考研需要坚持，一个人也许很难坚持，但是当整个宿舍其他三人都在学习时，自己也会被带着学习，所以宿舍的氛围还是很重要的。

5. 有没有特别烦躁甚至想放弃的时候？是怎么解决的？

学霸B：有时复习得累了，大家就去餐厅约一波麻辣烫，吃得过瘾后回宿舍洗个澡，整个人就会明朗起来，主要是大家一起放松，要是一个人单独做的话就可能没有这么好的效果。大家组团复习可以相互交流，少走弯路。

6. 那你们宿舍及班级良好的班风是怎么形成的？

学霸C：大家性格相似，交流起来完全没有障碍，开班会的时候气氛也特别好，大家都会积极讨论并发表意见。班级凝聚力非常强，班级同学都愿意主动展示自己。

学霸D：对于学院里的一些活动，班里同学都积极参加，像每年的3V3篮球赛、十佳歌手之类的，我们班同学几乎都去加油，同学们的感情、班级的凝聚力就是在这样一次次的活动中累积下来的。要毕业了，大家有很多不舍！

学霸们要毕业了,来看看他们的毕业寄语。

曹想:不放弃不抛弃!

周宇:青春悠扬的你,接下来继续快乐!

陈洛:平平淡淡才是真。

蒋立平:只要心怀阳光,前路必定柳暗花明。

看着他们自信的表情和收获的满足,听着他们侃侃而谈,小华好激动,心中有一个声音在不停地呐喊:我也要考研!

学霸的练成需要目标和动力,需要耐心和坚持。人生当中,结队同行比踽踽独行更有力量。来,前行的路上,让我们同心同向,勇敢前行!

育人先锋|优秀研究生导师团队

——药物分析学导师团队

春风不言化桃李,诲人不倦育英才

在药学院,有这么一群人,他们精研专业,硕果累累,他们倾心育人,培育出一批批研究生,在学院的研究培养方面取得突出成绩,也因此被评为学校“优秀研究生导师团队”,他们就是由都述虎、胡琴、周学敏、姜慧君、陈立娜 5 名教授组成的“药物分析学导师团队”。在他们当中,有江苏省“六大人才高峰”人才,江苏省“333 跨世纪学术、技术带头人培养对象工程”、江苏省高校“青蓝工程”优秀青年骨干教师,还有南京医科大学教学名师。

他们以培养具有创新精神和实践能力的高水平研究生人才为己任,近年来,共计培养研究生 100 多名(其中博士生 10 多名),毕业生主要分布在高等学校、省内外医院、省市食品药品检验所及药品研发机构。在培养高水平药学人才的同时,团队也取得了一批标志性成果,如在分子印记技术、拉曼光谱技术、荧光纳米材料、电化学传感体系及天然药物活性成分等领域取得了系列成绩,承担国家 863 计划项目 1 项、国家自然科学基金 15 项、江苏省自然科学基金 3 项、中国博士后科学基金 1 项和国家科技部“重大新药创制”科技重大专项 1 项,指导省及校级优秀博/硕士论文 7 篇,发表 SCI 论文 170 余篇,获江苏省教学成果二等奖、江苏省中医药科技进步奖二等奖和江苏省科技进步奖三等奖各 1 项,获得国家各类新药证书及生产批件 25 项,取得了显著的社会效益和经济效益。

他们育人有方,用自己的光照亮学生前行的路!

都述虎:寓“育人”思想于师生的交往之中

2015 年,在国家食品药品监督管理总局药品审评中心挂职期间,他利

用每个国家法定节假日和双休日从北京赶回学校指导研究生开展工作。都老师亲和友善，让学生愿意与他交谈。根据自己的观察，他会主动找学生谈心，交流思想，在交谈中，他努力帮学生树立正确的人生观、价值观，热心为学生解决学习、生活、感情等方面的困难。有一次，他发现一位同学平时情绪不好，于是就教她如何克服实验中的障碍、困难，帮助她提高抗挫折能力和心理调控能力，培养她坚强的意志品质。通过不断进步，这名同学以第一作者在《Analytical Chemistry》(IF=6.320)上发表论文1篇，后来又考取了上海中医药大学博士研究生。

胡琴：追梦人的启迪者

马宇杰是胡老师的研究生，他在读研期间的三年里，发表SCI论文4篇，最高影响因子为7.504，并荣获优秀毕业生称号。

在他刚入学时，由于患严重的腰肌劳损，多半时间只能躺着。胡老师给予了他无微不至的关心。第一个学期他既没有来实验室，也很少参加组会。第二学期开始，他身体好起来后，胡老师耐心指导他查阅文献、做实验，鼓励他与人交流，培养自己的语言表达能力，帮他规划科研路径，之后他有了很大改变。他出国深造的梦想也得到了胡老师的支持。经过坚持不懈的努力，马宇杰最终拿到了英国曼彻斯特大学化学院攻读博士学位的机会，并获得了国家留学基金管理委员会的资助。追梦人终于圆梦，而梦想的启迪者就是导师。

周学敏：亦师亦友，励志导师

周老师的一位研究生在读研期间身体欠佳，影响了学习和生活，甚至担心自己不能完成学业。周老师同实验室其他研究生一起伸出友谊之手，在大家无私的帮助和真诚的鼓励下，这位研究生一边治疗，一边坚持做实验、写论文，终于战胜疾病，顺利通过研究生论文答辩，签约省内知名药企。另一位腼腆内向的研究生经过周老师多次的鼓励与引导，自信得到极大提升，科研能力显著提高，跃居成为周老师所在科研团队的佼佼者，毕业时发表多篇高影响因子的SCI论文，先后被评为校十佳和省优硕论文。

姜慧君：爱于心，严于行

研究生对于姜老师的评价是亦师亦友，平易近人，她像是大家的一位老朋友。工作上的难题、生活上的烦恼、情感上的困惑等都可以和姜老师谈，姜老师把对学生的爱化在日常交流当中。同时,同学们也从姜老师身上感受到了“严”——严肃的态度,严谨的学风,严格的要求。姜老师强调:要保持应有的学术规范意识,培养自己对学术研究绝对诚实的态度。姜老师对学生论文的仔细修改,让学生深受感动,她指导的学生毕业论文甚至得到了评审专家的夸赞,认为论文写作最规范。

陈立娜:传递正能量

陈老师把教书育人当作天职,无论在学习上,还是生活中,都给予研究生们力所能及的帮助,培养他们积极向上、乐观开朗的性格。在她的实验室有一个文静的女生,因为自己家境贫寒而深感自卑,沉默寡言。陈老师经常找她聊天,引导她表达自己的想法,随后她逐渐敞开了心扉。她做事细心且富有责任感的优点得到陈老师的肯定,给了她极大的自信,她逐渐能够大胆地表达自己的想法,最后以优秀的成绩顺利毕业。每一个学生都是天使,只要积极地去引导,他们定会在自己的领域开出炫丽的花朵。

优秀的品质造就优秀的团队,优秀的团队培养优秀的人才。优秀的故事在这个团队还在继续,优秀的故事在药学院也在继续!

药苑访谈|周其冈:温文尔雅的“拼命三郎”

推开办公室的门,映入眼帘的是一张书桌被资料堆满了,一面墙上挂着一块画着细胞与通路图的白板;几件西装随意地搭在衣架上……让人不禁好奇,这间办公室的主人,会是一个怎样的人?

他,正是今天的C位——南京医科大学药理学博士,周其冈副教授。

初见周其冈教授,他温和的语气和暖暖的笑容让人如沐春风。

2018年7月份,他与朱东亚教授、陈宏山教授合作以通讯作者的身份在《Nature》子刊《Nature Protocols》发表文章一篇,建立了一套稳定有效的抑郁症评价方法,获得国际同行的认可和赞扬。在此之前,周其冈教授已经在《Nature Medicine》《The Journal of Clinical Investigation》《Stem Cell Reports》《The Journal of Neuroscience》《Aging Cell》《Translational Psychiatry》等著名期刊发表文章多篇。

除了承担科研外,他还在学院担任学科建设办公室主任、临床药理学系副主任,讲授药理,而今年,他才40岁。这样的成绩实在可以称得上是“年轻有为”,可他却说:“我不算特别优秀的,以后还要努力,要不断地努力。”

意料之外,后知后觉

“其实学习医学,是我意料之外的事。”

1999年,由于志愿填报出现失误,喜欢机械工程专业的周其冈以第二志愿被南通大学医学院临床医学专业录取。

“被动选择”了医学专业,周其冈却没有任何不满。“兴趣是可以慢慢培养出来的,所以只要认真努力,每个专业都能成为适合的专业,都能实现自我价值。”积极的情绪、努力的习惯使得周其冈在本科期间取得了优秀的成绩。特别是药理学课堂上张伟教授对药理学未来蓝图的富有激情的规划,深深吸引了周其冈。周其冈在毕业后考取了南京医科大学药理学专业继续读研。

当一个人潜心学术时，转变总在悄无声息地进行着。对药理学后知后觉的喜爱到热爱，再到深入研究的历程，让周其冈教授在回忆时，眼中充满光亮。

不惧风雨，激流勇进

近些年来，抑郁症发病率逐年增高，抗抑郁药物显得越来越重要。从2005年开始，周其冈所在的团队就一直致力于抑郁症发病机制的研究，周其冈也于2006年直接转入博士攻读阶段。

在2008年的时候，研究甚至一度无法进行下去：实验方法的不顺利、实验结果的不理想成为了笼罩在博士课题上方的两朵乌云。可是周其冈坚信："任何有价值的东西的获得都是困难的，困难存在的意义就是被克服。""做研究本是一个不断进步的过程，如果一遇到困难就想着绕开，只会停滞不前，难以进步，最终的结果也不会令人满意。"

一直以来，周其冈教授所在的团队围绕小鼠抑郁行为评价的缺陷问题进行探索和研究，不屈不挠，不断改进，经过无数次的失败，终于在2018年建立了一套稳定、敏感、高效的小鼠糖水偏爱实验装置"SPT-Z4A"，并在《Nature》子刊《Nature Protocols》上成功发表了文章。该装置实际上是一套研究小鼠抑郁行为的模型，它能够帮助人们更加有效地去评价抑郁行为学，并且在将来，有助于小鼠抑郁行为的检测和抗抑郁药物的开发。

"我希望有一天，能因为我的一点发现，让抑郁症患者们看到更多希望。"

追星逐月，不问归期

江苏省药理学会临床前药理专业委员会委员、中国药理学学会会员、中国神经科学学会会员，以及《Frontiers in Neurosciece Behavior》杂志编委……这些看似简单的称谓背后，是无数个不眠的日夜。

2013—2016年，周其冈"抛妻舍子"，一个人到美国俄亥俄州 Cleveland Clinic Foundation（克利夫兰医学中心）进行为期三年的博士后研究，大大开阔了研究思路，同时也了解到美国人做科研也是拼命三郎，没有人能随随便便成功。他在三年博士后期间没有外出旅游一次，每天在实验室同时进行5项以上实验，可谓没日没夜忘我投入研究。另外，周其冈学会了"头脑风暴"，规定时间里面完成任务，闭上眼睛深入思考推演一个问题2～3个小时

是常态。

曾经为了思考一个难题，周其冈教授一整个星期全天都坐在办公桌前“冥思苦想”，直至患上了腰椎间盘突出症，在床上躺了一周。对此他只是笑着说：“以后要注意加强锻炼，每坐1～2个小时起来活动几分钟”“没有付出就没有回报”。

“你作为第十名，可能只比第一名低了几分，但没有办法，他就是第一名，这之间的鸿沟只能用不断的努力填满。”“也许不会成功，但是还是要努力，万一成功了呢？”

提到遗憾，周其冈教授直言自己也想过评到“优青”，无奈年龄已经过了，倒也不在意了。“并不是所有的美好都该属于自己，只要自己的成果对得起自己的努力，就让我很开心了。”

因此，“真心努力”是周其冈教授挑选学生最看重的条件。“我希望我带领的学生，知道自己的理想是什么，目标是什么，并为此付出强有力的实际行动，带着执行力，提前计划，实现规划，知难而进，终有成功。”

在谈到想对过去和未来的自己说些什么的时候，周其冈教授说：“感谢过去的自己没有放弃过，以后还要再努力，不辜负自己。”

小 彩 蛋

在侧面采访的时候，周其冈教授的学生形容他是一个温文尔雅的人，“老师待人谦和，平时很温柔；但是只要做起研究来，就会一丝不苟，认真严谨。”提到在老师这里的收获，他们表示：“会在老师的影响下慢慢学会沉稳、耐心、有条理”“有时候和老师一起整理文件，都会感觉特别静得下心来”。

一个温文尔雅的“拼命三郎”，怀着的是一颗对科研、对教学灼灼的真心。比之我们的学习生活，只要怀着一颗初心，13年也好，20年也罢，哪怕岁月洪荒，心里将总是一片星河璀璨。

梦想公开课|梦想，从此刻开始起步

曾经有人说过："梦想还是要有的，万一实现了呢？"

2020年3月24号晚上7:00，我院邀请2007级药学专业尤嘉校友为药学院的同学们开展了一堂线上梦想公开课，药学院副书记、副院长段振东老师，学工办辅导员顾莹老师、赵昆磊老师、孙向超老师及部分药学院的同学们共同参与此次活动。

尤嘉学姐2003年进入南京医科大学药学院药政管理专业学习，之后在北京大学进修MBA，现任赛诺菲(中国)投资有限公司上海分公司新特药事业部免疫单元高级大区经理，有着丰富的工作经验。尤嘉学姐一路上一直秉持着"不念过去，不畏未来"的座右铭，这是她成功的一大支撑。短短的自我介绍却已经让大家感受到学姐优秀的表达能力与强大"气场"。

干货时间，学姐先从宏观上为大家分析了中国的医药市场现状。市场随着政府政策的改变而改革，医药销售发生了从普药到新特药的转变，销售人员也从人海到精英化、专业化，需要大家具备应对政策环境的综合能力。

大环境对新一代医药人才也提出了新的要求，从医药销售行业来看，要遵循三大核心价值观：绩效为先，以终为始；高效守诺，专业诚信；永争第一，好的销售要有口"气"。

此外，还需养成良好的习惯。从每个、每天、每月、每年拜访做起，有尊重数据、解决困难、合作共赢的思维。"行动大于理想，要去尝试，要去沟通，早给自己未来下个定位。"尤嘉学姐在最后为大家送上金玉良言，希望同学们能够立足现在，着眼未来，只有努力过、行动过，你才知道自己有多强。

终于到了万众期待的答疑环节，同学们针对面试、沟通、团队协作、领导力以及竞争意识等各个方面提出自己的疑惑，尤嘉学姐以自身经历与见闻为大家一一解答，并给出了自己的意见。

其中有一位大二同学的问题成功吸引了大家的目光："什么时候可以经

济独立?”学姐给出了强硬坚定的答案:“当你开始工作时,就应该经济独立!”

梦想,是对未来的一种期望,是一种让你坚持就能感觉到幸福的东西,甚至可以视之为一种信仰。梦想,是我们这个年纪都该有的,不要把“以后再说”挂在嘴边,就从此刻开始向着自己的梦想迈进吧!

信仰公开课|与方舱医院药师的云对话

3月14日晚上6点半，我院信仰公开课邀请到随国家（江苏）紧急医学救援队支援武汉的药师顾中盛老师，为我院师生在线开讲。药学院副书记、副院长段振东老师，药剂学系主任徐华娥教授，学工办全体辅导员，以及本科生代表、研究生代表、学生干部300人参加了此次云端对话。

顾中盛老师是我校第一附属医院（下文简称一附院）药学部门诊药房组长，曾担任过住院中心药房和急诊药房组长，参与医院新大楼所有药房的筹建和运行，对于药学管理具有丰富的经验。2月4日，作为党员的他坚定地加入了一附院组建的国家（江苏）紧急医学救援队，奔赴武汉参与医疗援助工作。

在线上课堂，顾中盛老师分享了他在武汉方舱医院开展的工作的情况。作为江苏省派往武汉的医疗队中唯一的一名药师，面临的最大困难就是要搭建临时药房，他和其他省市派去的几位药师一起，在最短的时间内完成了简易药房的建设，并制订了药房一系列管理流程，为方舱医院患者及时提供药品。方舱医院是临时医院，主要收治轻症患者，进行隔离、治疗与检测。作为一名药师，他的主要工作是根据医生的医嘱发放药品，保障药品的供应，提供用药咨询和建议。

在谈到疾病治疗时，顾中盛老师说除了用药之外，对患者的心理安抚也很重要。前段时间，医疗队遇到一位老年患者，家中已有两人过世，老伴又在另一家方舱医院，老人情绪十分低落，医疗队组织志愿者每天都和他聊天，缓解低落情绪，渐渐地老人的情绪有了明显好转。顾老师强调心情对人的免疫力有重要影响。因为新型冠状病毒肺炎的发病机制没有完全明确，所以现在还没有针对新型冠状病毒的特效药，通过自身的免疫力来抵抗病毒仍然是很重要的方面。

在讲述结束后，顾老师和同学们展开了在线互动。在留言区不停跳动

着各种提问，顾老师针对许多问题进行了解答。在谈到医疗经费支出时，顾老师表示，为了确保患者能够主动地到医院进行治疗与隔离，确诊患者的全部治疗费用都由国家承担，这解决了患者的后顾之忧，同时也显示了党和政府“以人民为中心”的执政理念。他还回答了中药与西药在治疗中的使用情况，针对不同人群用药有哪些原则，怎么解决药品短缺问题，如何为一线医生提供用药建议等问题，同时，他还说，这次疫情也改变了国人的许多卫生习惯，也希望同学们能养成良好的个人习惯。

徐华娥教授通过视频连线，讲述了一些自己在疫情期间的思考。在疫情期间，她写了几篇科普文章介绍用药常识，还参与编写了《新冠病毒——用药知多少》。她想通过科普让人们更理性地认识治疗药物，解除认识误区，防止被一些媒体误导。她说，为打赢疫情阻击战，国家付出了巨大代价，我们为这样的国家感到骄傲，作为药学人和药学生，应当锤炼本领，将来在祖国需要时能够挺身而出。在视频互动中，顾老师和徐教授还讨论到了疫情给药学人才的培养带来的思考，比如网上药房的建设，网上药品物流的发展，能兼通药学和信息技术的信息药师的培养等，给同学们也带来了新的启发。

“作为药学生，要扎实学好专业知识，树立职业理想和职业信念，要不负时代所托，培养青年人的担当精神。”顾老师在结束时深情寄语所有的在线药学生。

段振东副书记在总结中说到，在疫情防控阶段，药学院积极拓展学生活动形式，通过线上团课，使师生们深入了解到药学人在抗疫一线的职责与使命。民族有民族的信仰，党员有党员的信仰，青年也应该有青年的信仰，这场信仰公开课带来的不仅是疫情解读，更是信仰传递。

许多同学表示上了一堂十分有意义的信仰公开课，感受到战“疫”中的中国力量，更明确了药学人所承担的使命和责任。

我院研究生参加2019年长三角药物化学研讨会并获得佳绩

11月8日至9日，由江苏省药学会药物化学专业委员会、上海市药学会药物化学专业委员会、安徽省药学会药物化学专业委员会、浙江省药学会药物化学与抗生素专业委员会以及江苏省医学类研究生教育指导委员会主办，苏州大学承办的2019年长三角药物化学研讨会暨江苏省研究生药物化学前沿学术创新论坛在苏州大学顺利召开。来自中国药科大学、苏州大学、浙江大学、中国科学院上海药物研究所等长三角高校和科研院所的600多名师生代表参加本次论坛，我校药物化学系师生17人在李飞教授、历廷有教授的带领下参与本次学术交流活动。

本届长三角药物化学研讨会围绕“from bench to bed 转化药物化学”主题，聚焦“小分子先导化合物的发现和优化”“基于天然产物的药物发现与研究”“药物设计新理论新方法新技术”“药物合成新方法与新工艺”“化学生物学与新靶点新机制发现”五个主题，安排6个大会报告、60个口头报告以及95份墙报展讲，对各自领域的最新进展和应用进行了广泛深入的学术讨论和交流。

经过口头报告、墙报评选，我院药物化学系师生充分展示了各自最新的研究成果，并且获得佳绩，其中冯玲玲荣获口头报告三等奖，杨磊、施赛健荣获优秀墙报奖。

此次高水平的学术交流活动，不仅激发了青年学者的科研思维，还拓展了同学们的科研视野，为我院药物化学进一步的发展提供了新颖的方向和强劲的动力。

药学院本科生
参加“第十届全国大学生药苑论坛”
荣获创新成果二等奖和三等奖

12 月 16 日至 18 日，由教育部高等学校药学类专业教学指导委员会、中国高等教育学会医学教育专业委员会药学教育研究会、中国药科大学主办，南方医科大学药学院承办的“第十届全国大学生药苑论坛”在南方医科大学举行。

来自全国 68 所院校的 117 名选手同台竞技，共同展示一百余项优秀药学生创新科技和药学服务项目，就药学生创新能力培养、药学教育、临床药学服务等进行深入交流。

药学院本科生在“第二届江苏省医药院校大学生化学、药学知识与实验技能邀请赛(岛津杯)”中取得佳绩

12 月 2 日，由江苏省药学会主办、江苏大学药学院承办的“第二届江苏省医药院校大学生化学、药学知识与实验技能邀请赛(岛津杯)”在镇江举行。

来自苏州大学、扬州大学、南通大学、江苏大学、江南大学、徐州医科大学、南京中医药大学、南京医科大学共计八所大学所属药学院的全日制学生代表及相关老师代表组队参加。

经过紧张的理论笔试与实验技能考核，我校药学院 2014 级药学专业鲍剑、鲜佳芸及杜紫薇同学，在胡琴、姜慧君、洪俊丽、张爱霞等老师的悉心指导下，准备充分，发挥稳定，脱颖而出，最终获得团体二等奖。

据悉，这是我院继初届作为主办方参赛以来，第二次参加此项赛事。大赛旨在进一步加强课堂教学与实践技能紧密结合，以提升学生的综合实践能力和创新能力。

我院在“第十二届全国大学生药苑论坛”上再获佳绩

11月22日至24日，由教育部高等学校药学类专业教学指导委员会主办、山东大学承办的第十二届全国大学生药苑论坛在济南举行。

来自全国119所院校、共计198个项目的选手同台竞技，共同展示优秀药学生创新科技和药学服务项目，就药学生创新能力培养、药学教育、临床药学服务等进行深入交流。

经过壁报评选、优秀论文评选、临床药学分论坛和药理学分论坛汇报，我院选送的2016级临床药学专业林雯、吴洲悦，2017级临床药学专业徐翔和2019年研究生王帅帅同学的项目“Tmem74缺失介导的小鼠焦虑样行为鉴定及机制研究”（指导老师：韩峰、冯黎黎）荣获创新成果二等奖和优秀壁报奖。

2019级硕士研究生陆凯琴，2015级临床药学专业郑立博、储楚，2017级临床药学专业李美燕、倪思嘉、徐健宇、孙子文同学的项目“基于BAS和BIS的慢性病患者仿制药认知与态度调查与分析”（指导教师：苏钰文、李歆）荣获创新成果二等奖。

药学院人前进的脚步从未停歇，越来越多的药学院优秀学子在全国大赛中崭露头角，拔得头筹。这是每个药学院人应该骄傲的，也是值得学习的，希望以后会有更多的药学院同学能够站在全国大赛的舞台上，为药学院赢得荣誉和掌声。

我院举办首届江苏省医药院校大学生化学、药学知识与实验技能邀请赛

为切实促进药学专业人才培养，更好地提升药学专业大学生研学兴趣，强化专业素养和学术思维，培育创新意识和科研技能，10 月 22 日上午，由江苏省药学会主办、我校药学院承办的首届江苏省医药院校大学生化学、药学知识与实验技能邀请赛（南京正大天晴杯）在至诚楼拉开帷幕。省药监局药品注册管理处孔祥森副处长，省药学会姚新中理事长、胡琰副理事长，鲁翔副校长、徐珊副校长，校教务处、学工处、宣传部负责人出席总结大会。南京中医药大学、苏州大学、江苏大学、扬州大学、南通大学、江南大学、徐州医科大学及我校 8 支代表队参赛，一附院、二附院、附属儿童医院等我校临床药学带教、附属医院药学部主任应邀为大赛评委，200 多名师生代表观摩了大赛全过程。

早上 7:45，在做好参赛学生规则说明后，理论竞赛 8 点准时开始。

烧脑的笔试刚一结束，24 名选手便马不停蹄地到达 3 站式的技能竞赛实验室，从阿司匹林的制备、含量测定及镇痛活性测试，3 个多小时内，选手们全神贯注，一丝不苟，娴熟的操作方法、干练的心理素养展现了各高校在药学教学和人才培养中的高标准、高要求；选手们对各实验流程的统筹安排、小组内部任务分工、恰当的时间预算以及实时的纠错能力都展现了他们自身对专业理论知识的熟练掌握和实验操作能力的长期锻炼。

现场由全省我校各附属医院药学部主任和我校药学院专业教师共同担任评委，实时跟踪考察，现场评分。最后，组委会综合理论和操作总得分，评定南京中医药大学、南京医科大学代表队获得一等奖，徐州医科大学、江苏大学、江南大学代表队获得二等奖，苏州大学、南通大学、扬州大学获得三等奖。

下午 4 点，举办临床药学教育教学研讨会，组织参赛选手参观了校史馆、伦理馆。

之后，大赛总结大会如期举行，大会由药学院季勇院长主持。

“本次江苏省医药院校大学生化学、药学知识与实验技能邀请赛的举办，不仅仅是一次学生专业技能大比拼，更是省内药学院校之间的一次教育的探讨和交流。”江苏省药学会姚新中理事长在致辞中对大赛举办予以肯定，他说，当下药学工作重心将从“药”转移到“人”，工作模式从传统的“供应保障为主”向“技术服务为主”转变，面对“精准用药”的社会需求和政策导向，我们医学院校的人才培养要因时而动，因势而为。要用新的思路和理念来优化人才培养工作，着重培养学生的国际化的视野、科学的创新思维以及团队合作精神和意识，共同打造一支专业技能强、职业道德素质高，集药物发现、开发、生产、流通、使用与管理于一体的综合高素质的专业人才队伍。

总结大会上，南京中医药大学参赛学生吴体智同学和南京医科大学药学院李歆老师分别发言，他们结合学习和教学实际，从“理论与实践结合”强调了大赛的必要性，通过大赛，学生能发现问题，剖析不足，更加系统、更加全面地掌握知识技能；教师则能从问题出发，探索实验教学新方法、新举措，提高教学水平。

最后，南京医科大学党委常委、副校长徐珊做总结发言，她指出，一直以来，我校非常重视学生临床实验技能的训练和培养，药学院也早在 2009 年就开始举办化学、药学知识与实验技能操作大赛，并逐渐将它作为药学化学教育教学工作的重要延伸和药学化学教学质量控制方法的有益补充。大赛成果表明，化学、药学知识与实验技能操作大赛已成为药学专业大学生竞技的平台、科创的舞台和大学生“双创”工作的有效载体。同时，徐校长对大赛以及药学院的未来发展提出了几点要求和希望，一是希望以赛促教，通过大赛进一步提高实验教学水平，教师担负起素质教育的重任；二是希望以赛促学，不断激发同学们的学习兴趣，提高实验操作能力，营造良好的学习氛围；三是希望以赛促创新，培养学生的创新意识和创新能力，发掘出一批优秀的、具有创新潜力的青年学生投身于科研实践和创新创业中；四是希望以赛促合作，医药类院校尤其是设有药学、临床药学专业的高校要以本次大赛为契机，进一步增强彼此之间的合作与交流，共同为培育出专业精、技能强的药学人才而努力。

随后，大会嘉宾依次为本次大赛获得一、二、三等奖的选手们颁发了获奖证书和奖金。

以“创意、创优、创新、创造”为主旨的本届大赛获得了参赛高校代表的赞扬，他们纷纷表示，通过参加本次比赛，一方面了解了自己学生在学习和实践中的不足，有助于下一步针对性地改进教育教学方法以及药学人才培养方案；另一方面，在参加大赛的同时，既看到了南京医科大学在药学和临床药学专业发展中完备的实验设施、浓厚的学术氛围、健全的教师队伍，又能和省内医药类高校的专家、学者进行交流和探讨，有助于各学院的发展。大家对下一届大赛的举办也达成初步意向。

我院在“第二届全国药学研究生学术研讨会”上获得佳绩

11月22日至24日，由中国学位与研究生教育学会医药科工作委员会、辽宁省教育厅、辽宁省药学会和沈阳药科大学联合主办的第二届全国药学研究生学术研讨会在沈阳药科大学隆重召开。

会议以“守正创新推动药学发展，博采众长助力健康中国”为主题，以提高研究生创新能力和实践能力为目标，打造了国内药学研究生教育协同创新平台。来自全国31个省(区、市)的96所高校的740余名专家、教师、研究生代表和外籍博士研究生参会。

此次研讨会围绕创新药物与现代制药工艺研究、药物分子靶标发现与作用机制、药物质量评价与药物分析新技术新方法、药物递送系统与生物药剂学、中药及天然药物的创新研究与应用、循证药学与临床大数据挖掘研究、创新生物医药研发及产业化、药事管理与药物经济学评价共8个主题设立6个分会场进行广泛而深入的汇报交流，分享各个院校的科研创新成果。

经过口头报告、壁报评选，我院选送的7位研究生获得佳绩。其中程霞、宋天宇和陈轩荣获口头报告三等奖，杨磊、陶梦丹和柴煜莹荣获最佳壁报奖，董泽中荣获优秀壁报奖。

彩炫生活

CAIXUAN SHENGHUO

导语

大学生活就像一杯水，和苦瓜一起榨就变苦，和牛奶、草莓拥抱就会变成香甜的奶昔。在药学院的日子里，各类令人目不暇接的活动就是可供选择的原材料，通过自己的选择，我们每个人都会拥有一杯属于自己的特调。也许当你回头看时，你会想不起来自己放的所有原料，但是那杯特调的味道，依旧回味悠长。

在“彩炫生活”这个版块，有展示专业素质的校内外竞赛、学习各类理论的微团课和夏令营、吟诗起舞的文艺活动、思想碰撞的精彩辩论、强身健体的趣味运动、磨炼意志的军训、开阔视野的游学……让我们一睹药学院学子丰富多彩的课余生活，见证他们为平凡的学习生活增添的那一抹色彩吧！

药学院微团课拉力赛开始了！请看2019级团支部的表演

2020年是特殊的一年，是第一个百年目标的实现之年，是全面建成小康社会、脱贫攻坚的收官之年。中国梦的实现需要每个人为之努力。为推进青年团员的爱国主义教育，药学院于5月1日至3日在至诚楼Y310举办微团课拉力赛。

此次活动以团支部为单位，采取线下宣讲、线上直播观看的形式。第一天为我们拉开帷幕的是2019级团支部，出席的评委老师有药学院副书记、副院长段振东老师，学工办辅导员孙向超老师以及主席团部分成员。

在介绍完活动宗旨和赛制后，由2019级药学1班团支部代表王灿、侯雅兰率先进行演讲“为什么中国可以帮助世界”，王灿从经济实力、生产能力、民众素质三个方面进行分析，提到中国GDP增长的快速、工业门类的完备、生产效率高、人民勤劳肯干等因素。侯雅兰则从“中国是否有意愿帮助世界”来补充主题，从官方和民间两个方面分析。两人皆用大量数据、事例来论证，令人信服。

药学2班的主题是“医者仁心，大爱无疆”，张颖以近一年来医学领域和基层的感人故事为线，讲述了医者屠呦呦、张红、钟南山和基层干部吴敏、游志强的故事，展现医务人员抗击疫情的拼搏。

周博涵代表临床药学1班演讲的主题是“将青春之花开在党和人民需要的地方”，他梳理了近1年来部分国家热点和中国取得的重大成就，从政府、爱国民众两个方面阐释中国态度，如港珠澳大桥总设计师孟凡超和驰援武汉的医务人员，都为中国奉献了“青春之花”。周博涵深入挖掘，思考大学生与中国发展的关系，鼓励大学生不仅要独善其身，更要将国家和人民放在心中，投身建设祖国。

而章海冯则从细微处出发，结合五一劳动节的背景，指出中国取得的非凡成就都建立在勤劳奋斗之上，人们各司其职，如外卖小哥、社区职工、医务

人员等,“以劳动彰显爱国之心”,他们都为社会做出了贡献。

医者爱国心,张家浩也结合职业,阐释了“爱国心”产生的原因和意义,以钟南山院士为例,描述其抗击非典疫情、新冠疫情的勇敢表现,又提到李兰娟院士在武汉忘我工作,展现了他们赤诚的“爱国心”。然而不仅仅是他们,疫情中的“逆行者”们都给全国人民上了一节“思政大课”。张家浩演讲铿锵有力、慷慨激昂,富有感染力。

袁健飞的演讲主题是“用责任感和使命感担当未来”。他以一个团员的身份,幽默诙谐地讲述了当代大学生应当更加深入理解责任感和使命感。他详细讲述了川西扑火队员刘代旭的故事,结合 2019 年和 2020 年两次川西森林火灾,表达了对刘代旭的哀思和敬佩,以小见大,鼓励人们面对社会乱象时勇敢反击斗争,承担起责任和使命。

6 个团支部的演讲结束后,经过评委和观众的认真评选,最终结果如下。

一等奖:临床药学 4 班团支部。

二等奖:药学 1 班团支部、临床药学 1 班团支部、临床药学 3 班团支部。

三等奖:药学 2 班团支部、临床药学 2 班团支部。

最佳组织奖:临床药学 4 班团支部。

来，看看 2018 级的团支部微团课拉力赛！

微团课拉力赛进行到了第二天，由 2018 级团支部为我们呈现。

“家国天下——我眼中的爱国主义”，药学 1 班沈晨同学分别讲述了钟南山院士——扎根国之土地、广东劳工丁龙——爱国之文化、村官黄文秀——担国之使命三个人的感人事迹，他们以自己的行动诠释着爱国精神。沈晨同学满怀柔情地诉述了吾国与吾民之间的深情厚谊。爱国是青年勇敢的担当，是国家赋予的历史使命，同时国家也不会放弃任何一个需要帮助的人，吾国与吾民共同努力方能最终彼此成全。

药学 2 班代表杨舒婷是第二位演讲者，她分别从抗疫一线、扶贫一线、救灾一线三个方面讲述了中国青年力量的崛起，阐述了中国青年在各自岗位的爱国情怀。“青年崛起，爱我中华”，药学 2 班三位同学以诗朗诵《青春中国》结束了演讲。

随后，临床药学 1 班宋馨雨同学以中国传统文化的汉服为出发点，阐述了当今时代一群热爱汉服文化、古风歌曲的青少年弘扬祖国传统文化、保持着高度的民族自尊心与自信心的故事，从细微处体现爱国情怀。

临床药学 2 班费烨同学演讲的主题为“疫情下的中国留学生”。他抛出一个问题：“留学生＝不爱国?”，通过网络上留学生的极端案例从反面论述个人私利大于一切的留学生只是占比少数，多数留学生还是怀抱着一颗赤诚之心。

朱雅婷同学代表临床药学 3 班讲述“疫情过后的感言”，她感叹疫情让她明白了什么是爱国：一方有难，八方支援，医疗队伍的不断壮大，防护物资的不断充实，医院建设速度的不断提升。疫情下的中国人，团结一致，众志成城，共同渡过难关。

“寄意寒星荃不察，我以我血荐轩辕”，最后，临床药学 4 班的邢紫嫣、任欣睿、王亚男同学讲述了疫情期间中国最可爱的人们。医护人员、社区工作者、警察奔走在抗疫的一线;而在疫情的后方,青年志愿者做口罩,河南农民捐赠蔬菜,外卖小哥辛勤付出,餐馆 24 小时送餐,各行各业的人们都在尽自己的力量帮助中国共渡疫情难关。“星星之火,可以燎原”,祖国的强大正是靠着新时代这群最可爱的人。

经过评委和观众认真评选,结果如下。

一等奖:临床药学 4 班团支部。

二等奖:药学 1 班团支部、药学 2 班团支部。

三等奖:临床药学 1 班团支部、临床药学 2 班团支部、临床药学 3 班团支部。

最佳组织奖:临床药学 2 班团支部。

“爱国力行，青年先行”药学院微团课拉力赛

——2017 级团支部

为期三天的团支部微团课拉力赛，最终由 2017 级收尾。5 月 3 日，药学院党委副书记、副院长段振东老师，学工办辅导员赵昆磊、孙向超老师及主席团的部分成员出席了线上比赛。

药学 1 班陈心然率先上台演讲，通过一个外交金句小视频向我们展现了外交天团耿爽、华春莹等人的犀利尖锐和自信霸气。到底是谁在为外交天团“撑腰”？答案当然是中国的政治制度、外交政策及中国的大国风度。“大国风度是包容发展，但绝不是软弱可欺，需要维护自己的根本利益的时候，我们也绝不吝惜自己的拳头。”在坚持和平发展、推进国际合作及建设人类命运共同体的外交准则下，我们的外交天团外柔内刚，一面包容外来文化与政策，另一面刚直不阿地维护我国利益。

药学 2 班同学则着重讲述了 95 岁老党员张富清深藏功与名，默默为祖国奉献的故事。一首小歌《你是一个传奇——致敬张富清》将他甘于平凡、甘于奉献、甘于拼搏的精神体现得淋漓尽致。

临床药学 1 班同学思考了“中国何以战胜疫情”这一问题。在海外情况日益严重的同时，中国是如何控制疫情的呢？首先是中国的制度优势，充分体现出担当和魄力、精准与兼顾、科学和透明、尊重和包容，人民充分信任这样的政府。其次是中国制造，它是此次抗击疫情的动力。疫情期间，中国十天建设出雷神山、火神山两个专门的抗疫医院，美的、三菱等企业也纷纷自发开辟出医用口罩、防护服等生产线，强大的中国制造为医护人员在前线的奋战提供了充足的物资。同时，中国文化，是抗击疫情的内核。团结一致、众志成城、一方有难八方支援的坚定信念，深深烙印在我们中国人的心里。最后是中国的人民，“从来没有从天而降的英雄，只有挺身而出的人民！”

接下来的两位同学则相当风趣，以幽默的相声形式给我们进行了一场小科普。不仅让我们了解到中国是如何控制疫情的，也让我们认识了许多

在疫情期间默默奉献的群众和医务人员，如“硬核大爷”葛进江、“铁人院长”张定宇、“硬核医生”张文宏等。

临床药学3班的刘林峰同学，以抗疫、北斗导航两个事例阐释了中国力量。中国力量有多强大？当海外疫情仍在疯狂肆虐时，国内疫情已经得到了基本控制；面对卫星系统的垄断，研究人员经过二十多年的努力，建立并完善了北斗卫星导航系统。作为医学生，我们应积极宣扬爱国主义，成为未来祖国的栋梁，为祖国医学事业添砖加瓦。

最后，临床药学4班同学以新闻联播的形式，从各国态度、中国作为、最美逆行者及开学复工四个方面分析了此次疫情。疫情全面暴发，英国群体免疫；美国甩锅；意大利追求民主自由，不愿意戴口罩；反观中国，大家排除万难，团结一致，共同抗疫，才有了如今这番局面。

各团支部宣讲完毕，经评委及观众认真评选，结果如下。

临床药学2班团支部获得一等奖和最佳组织奖。

药学2班团支部、临床药学1班团支部获得二等奖。

药学1班团支部、临床药学3班团支部、临床药学4班团支部获得三等奖。

记“新药创制菁英”
大学生万人计划学术冬令营

由江苏省教育厅主办、中国药科大学和泰州医药高新技术产业园区承办，2019年1月在泰州举办的2018—2019年“新药创制菁英”大学生万人计划学术冬令营顺利开展。通过自主推荐与“无领导小组讨论”的面试选拔，我院推选出谢晓曦、董国生、许诺等10位2016级和2017级的同学，由辅导员杨秋普老师带队，积极参与了本次冬令营。

2019年1月18日晚，杨秋普老师带领我院10位营员顺利抵达泰州医药城，为期6天的冬令营如期举行。经过抽签，10位营员随机分入10个小组，与包括东南大学、南京中医药大学、徐州医科大学在内的8所高校抽取的9位同学组成学习小组，并由来自各高校的带队老师指导，共同完成接下来的学习交流与项目合作。

2019年1月19日上午，大家来到位于泰州白马镇的中国人民解放军海军诞生地纪念馆，在讲解员的带领下参观了展馆。

馆内建筑新颖别致，既具浓厚时代气息，又含纪念馆的主题特征。馆内展览运用图片、模型、实物等表现形式和音效、影视、场景模拟等技术手段复原了“渡江作战”“解放一江山岛”等多个历史场景，给观众以强烈的视觉冲击。纪念馆从“近代沧桑、白马建军、威震海疆、发展壮大、鱼水情深”五个方面展示了我国海军发展壮大的光辉历程，是集教育、培训、旅游娱乐的理想场所，是进行爱国主义和全民国防教育的重要基地。

1月19日下午，冬令营一行人来到了泰州医药城的医药博览馆，领略了恢宏的泰州医药城的风貌。

中国医药城展览中心是一个致力于打造集医药产品交易、医药科技交流、医药科研成果交易等为一体的“365天永不落幕的展览交易盛会”。博览馆内部具有展览、专业交易、国际会议、综合配套、物流配送五大功能。馆内详细介绍了泰州作为最大的中成药、麻醉药、维生素生产基地的几大优

势、塑造城市个性的战略选择和国际医药产业加快向中国转移的机遇，使我们深感“详泰之州，医药名城”之誉名不虚传。

乘坐大巴游览医药城也让人见识到了医药城的完备的建设及各式各样的企业。政策的优惠及各项的福利支持让许多企业包括雀巢、华为等著名公司均驻扎于此，也让中国的医药事业蓬勃发展。

晚上 6 点到 8 点是各小组讨论时间，来自 9 所高校的同学们围坐在一起交流经验，思想的碰撞与火花的激荡让大家受益匪浅，也拉开了项目讨论的序幕。

夜幕低垂，明月皎洁，冬令营的第一天已悄然过去。海军诞生基地和中国医药城的参观让大家对泰州这座城市有了更加深刻的认识，也让大家更加期待接下来干货满满的五天！

成员感言精选

杨秋普老师：走进大泰州，温暖冬令营，9 所江苏高校，百名药学新星，你们都是最棒的！

谢晓曦：本次参加冬令营的机会来之不易，所以我也会格外珍惜。得以借此机会认识各大高校的药学生，游戏、玩笑和小吐槽的过程中，增进了彼此的友谊，也认识到自己涉猎领域的局限性。希望冬令营的小伙伴都有非常 nice 的 6 天！

何晓鑫：来到泰州参加冬令营的第一天，带着期待和憧憬的心情，认识了对新药研发有兴趣的同龄人，怀着敬仰和认真的态度，参观了海军诞生地纪念馆和中国医药城，感觉受益匪浅。

陈心然：食宿体验极佳！每天最盼望的就是吃早饭、吃午饭和吃晚饭！同组的其他学校的小伙伴们都非常可爱、健谈，希望接下来几天的讲座学习也可以顺顺利利！

许诺：非常不错，下次还来！

1 月 20 日，来到泰州的第三天，冬令营开幕仪式正式启动。中国药科大学教务处处长唐伟方进行开幕演讲，阐述了此次冬令营活动的重要意义。在感谢江苏 9 所高校的重视与参与后，本次冬令营科研活动拉开序幕。

科 研 思 潮

1 月 20 日的活动以讲座为主。首先，我们有幸聆听了张灿教授关于“创新药物研制”的讲座。张灿教授为中国药科大学药物化学与药物制剂学博士研究生导师，药物科学研究院院长和江苏省代谢性疾病药物重点实验室副主任。张灿教授通过幽默风趣的语言向我们介绍了药物搬运工之药物

载体，展示了具有创新意义的载体运载药物，通过层层递进的“剥洋葱”方式作用于肿瘤细胞。她亲切指出，“剥洋葱”的构想来源于某次在家中做饭。这也提示了我们钻研学术时不能局限于实验室和图书馆，日常生活的小细节也可能给我们带来启示。

之后江苏长泰药业有限公司董事长蒋志君为我们介绍了全球药物市场现状及新药研制流程，雀巢健康科学（中国）有限公司人力资源总监张峰为我们解答了关于职业规划方面的迷茫和疑惑等，这些设计用心的讲座给我们带来了极大的启发，有利于我们对科研创新、药企发展和职业规划等方面的深入了解。

走进药企

1月21日上午，大家来到了石药集团中诺药业（泰州）有限公司进行参观学习。该公司是我国医药行业的龙头企业之一，总资产200亿元，员工20000人，拥有原料药、成药、创新药、抗肿瘤药、医药商业和大健康六大业务板块，积极吸引和鼓励大学生创业、就业。我们也因此得以近距离参观药物生产车间及设备，如药物压片机等。这次参观让我们深刻意识到，药物生产车间的温度、无菌程度等都会对药物生产带来巨大的影响。

随后，我们又来到中国医药城分子诊断和基因测序服务平台。在那里我们近距离参观常见的实验室、熟悉的PCR扩增技术在临床中的实际应用，了解技术人员日常的工作状态，进一步感受到新药研发各个环节都需要一丝不苟、严谨务实的态度。

头脑风暴

晚上6点到8点便是令人期待的头脑风暴之小组讨论的时间。

奇思妙想穿梭在各种脑洞间，“唇枪舌战”间的火花碰撞。虽然准备给最终课题汇报的时间非常少，但同学们并没有被困难打倒，积极利用一切可利用的时间讨论课题。讨论过程中，小组内部时常出现多个想法并列、难分伯仲的情况，同学们相互补充观点，探讨各个观点本身的可行性，并从中选择最优方案的过程，充分体现了团队协作的重要性。

1月22日至24日，是冬令营的最后三天。你以为临近结营，项目与活动均渐入低潮了吗？不！现正是如火如荼、高潮迭起之时。

日常学习

22日上午，大家前往江苏泰康生物医药有限公司与鲲鱼健康药业江苏有限公司。两家企业为大家提供了参观车间设备的机会，并详细介绍了各自的灌装、包装流水线。价值不菲的进口设备、先进的工程技术与高度自动

化的生产线令人惊叹之余，也引起大家对就业和创业的深深思考。

24 日上午，大家聆听了中国药科大学副校长陆涛教授的讲座。他与我们分享了实验室的最新研究成果“抗肿瘤药物 FN-1501”的研发。陆涛教授的分享专业性与学术性较强，大家聚精会神，奋笔疾书，希望通过课后的补充学习来消化讲座知识。陆涛教授提到，该药物的成功研发，也要归功于实验操作的一个小小错误。所以我们应当勇于实践、不怕出错，也许这就是成功的契机呢！

项目汇报

经过 4 天的思想碰撞与紧张筹备，23 日下午，我们迎来了本次冬令营最重要的成果展示。大家以“新药”为核心，整体从学术研究、商业价值与医药体制三方面着手准备演讲材料。各组代表依次上台演讲，可以说是八仙过海，各显神通。

其中，我院许诺同学所在第九小组的 GoLab 项目获得了全体评委的认可，获得“最佳创意奖”。

该组成员们花费了大量时间进行调研，发现如今高校实验体系不完善，大学生在校科研机会少。常常是同学们有热爱科研的心，学校却无法满足所有人的需求。他们由此提出 GoLab 项目，以虚拟实验室作为平台，给予企业和高校大量科研机会。并且，该平台实现了教育可视化，为实验者提供了更立体、更具体的三维模型，帮助大家更轻松地理解实验过程，由此推动新药研发的进程。奇思妙想搭配严谨方案，令在场成员赞叹不已，我国的自主研发与创新成果未来可期！

结营仪式

24 日上午，全体指导教师与学员参与了结营仪式。短短数分钟的活动集锦视频勾起了大家 7 日来的点滴回忆。

随之的颁奖仪式将整个会场的气氛推向高潮，优秀营员、优秀指导老师、最佳创意团队、最佳风采团队先后上台领奖。自己的努力得到了认可，受奖者的脸上都洋溢着满足与自豪的微笑。

恭喜我院 2017 级临床药学 3 班许诺荣获“新药创制菁英”学术冬令营优秀学员的称号！

最后，泰州医药园区党工委书记、管委会主任陈锋剑做总结，言语中饱含对人才培养的重视及对大家的殷切期望。

汇聚了 9 所高校优秀本科生的“新药创制菁英”学术冬令营就这样落下了帷幕。在高校教授、药企精英的指引下，大家交流互助、增长学识，提升自我、明确方向。前路漫漫，吾辈将上下求索，不负所望！

不忘初心，砥砺前行

——我院爱国主题夏令营顺利进行

正值中华人民共和国成立70周年，由江苏省正大清江制药公司（简称正大清江）主办，中国药科大学、南京医科大学、南京中医药大学三校共同举办的“牢记历史，共聚清江再出发”爱国主题的夏令营活动于2019年7月6日在徐州顺利开展。3所高校共29名同学参加。来自我院2016级和2017级的9名同学参加了此次夏令营，由辅导员孙向超老师带队。

7月6日上午，全体人员乘大巴到徐州。下午抵达后，我们参观了徐州博物馆。徐州博物馆是一座现代化的地方综合性博物馆，承担着本地区的考古发掘、文物收藏、陈列宣传、科学研究等任务。馆区环境优美，文物收藏丰富，设施设备先进。随着新馆的建成和开放，徐州博物馆将以崭新的面貌迎接海内外嘉宾，并将在新的世纪里为发展徐州的经济和文化事业发挥更加重要的作用。

晚间，在正大清江三位老师的召集下，全体营员举行了第一次营会。营会开始首先由正大清江的张老师为大家简要介绍本次夏令营的详细流程以及注意事项，并以学校为单位将全体营员分为三个小组，选出各分组小队长，以便于展开之后为期5天的营训；在第二个环节中，营会邀请中国药科大学就业办主任刘老师为大家进行了简短的开营致辞与药学相关择业就业知识普及。刘老师指出，当前对于药学专业同学来讲，最缺乏的就是对本专业前景的认知，大家眼中只有课本和实验室，却看不到药学本身的真正价值与魅力。刘老师对本次活动给予了充分的肯定，就是在这样的职业体验中，大家才能真正意识到自己究竟在学什么及学习的意义和成果转化之所在。

7月7日上午，在几位老师的带领下我们参观淮海战役纪念馆。我们首先进献了花篮，悼念英烈，站在淮海战役烈士纪念塔脚下，仰望塔身顿觉自己的渺小。纪念塔走廊内铭刻着近三万烈士的姓名，一排排一行行深深刻在墙壁上，也深深刻在我们每个人乃至全国人民的心中。在淮海战役纪

念馆中，穿行于血与火的虚拟空间，踏寻战场上惊心动魄的一幕幕，重温淮海战役的整个历程，我们心情非常沉重，但同时也为中国人民感到骄傲，因为中国人民创造了中国战争史上乃至世界战争史上的一个奇迹。

下午，我们来到了国家5A级景点——云龙山，山不在高，肯爬就行，突然空降的猛烈阳光挡不住同学们登高的热情，大家爬到山顶后都大汗淋漓。站在山顶俯瞰，阵阵凉风吹来，一扫上午沉重的心情。

7月8日早上，夏令营小队从酒店出发前往徐州市著名的风景名胜云龙湖。山水云龙定彭城，云龙湖原名"石狗湖"，命名至今已有千年的历史，三面环山，一面临城。到达目的地后，营员们三两结伴，漫步于大堤之上，饱览湖光山色，为徐州之行画上了圆满的句号。午餐过后，营员们继续踏上前往淮安的路程，基地素质拓展与清江之行都令人期待！

2019年7月9日，营员们来到位于刘老庄的抗日文化影视基地，开启了淮安之行第一站，也是大家期待已久的素质拓展活动。在曹教官的指导下，大家迅速整理着装，进行了稍息立正、停止间转法的训练。烈日下，队伍整齐划一，没有一位营员轻言放弃。营员们随机分成三小队，并各自设计队名、队徽、队歌，一一展示。

接下来进行的是本次素质拓展的第一个全体任务——穿越雷网，要求营员们在不触碰模拟电网、不坠崖、防空警报响起时不发出声音的条件下在40分钟内全员过网。3位同学挺身而出，分别担当总指挥、副指挥职位，在前5分钟准备环节制订了身材高大的男生先过网，再托举女生从上方过网，最后留守的男生从最下方过网的计划。在失败了多次后，营员们并未被身心的双重摧残击倒，而是吸取教训，在过网的同时100%避免误触，终于在时间截止前成功完成任务。

进行了一上午丰富的素质拓展训练后，可口的午饭必不可少。距离场地不远的农家乐餐厅内，早已为大家准备好极具当地特色的农家饭菜。饭桌上同学们有说有笑，除了对饭菜口味的夸赞外，更多的是团队成员间亲切的感情交流。餐后小憩，大家根据兴趣，选择休闲方式，一片欢声笑语之中，反映出了这支队伍可贵的相处氛围。

午后，进入素质拓展的第二个环节。营员们以之前的小队为单位，要求在最短时间内流畅完成"不倒森林""一圈到底""激情拍手"三项趣味运动，用时最短的队伍获胜。经过独立思考，探讨方法，反复练习后，三支队伍展开激烈比拼，每支队伍都取得较好成绩。赛后总结时，团队间开始激烈讨论，接受完别队的赞赏和意见后，都得到很大的提升。曹教官总结上午穿越

电网和下午的团队项目，肯定了大家的竞争意识，补充了更好更快的通过方式。

短暂休息后，营员们迎来了当日的最后一项活动——极速60秒，考验大家的脑力与团队合作。游戏总共有30张卡片，不同的图案，代表了不同的数字，要求各个队伍在三轮观察之后将卡片按数字顺序排列。在此过程中，每个队伍都热烈讨论，并进行分工合作，各队长还立下了军令状。最后所有人都完成了这个任务，虽然竞争总会有输有赢，但是大家都全身心投入，这就是本次活动的意义所在。至此，本次素质拓展圆满结束。

就像教官所总结的，我们认识到，人们在人生中会遇到许多困难，其中的很大一部分凭一己之力是无法克服的，这时候团队合作是必要的，而团队精神在这过程中就尤为重要。有了好的团队精神，才能促进团队合作的进一步发展，才能离成功更进一步。

7月10日早，我院师生代表按照既定行程，跟随清江浦区团委及正大清江相关工作人员，相伴着兄弟院校中国药科大学与南京中医药大学的伙伴们乘坐大巴前往淮安市清江浦区，开展夏令营最后一日的活动。

上午，师生们参观了淮安市清江浦记忆馆、淮安名人馆与周恩来童年读书处旧址。步入清江浦记忆馆和淮安名人馆，在讲解员生动的讲述中，师生们面前仿佛展开了一幅幅历史画卷。清江浦"南船北马"的盛况，韩重言背水一战的壮举，周恩来总理"为中华之崛起而读书"的豪言，无不让师生们沉浸其中。

紧接着，夏令营一行人来到了周恩来童年读书处旧址。走过一间间陈列室，讲解员向大家娓娓道来周总理的坎坷童年。在淮安这片历史与情怀深厚的土地上，周总理的童年无疑给了他自立自强的信念和爱国救国的启蒙。旧址中仍留有周总理当年植下的一品梅，正是"花当一品梅，人当一品性"。伟人已逝，但其人格风范永远为后人称颂，其历史功绩丰碑永树。

中午稍做休息，公司人员带领全体师生前往正大清江本部。营员们兵分两路，先后在工作人员的带领下参观了公司的生产车间、研发中心、化验室和仓库。公司对研发的重视及井然有序的管理体系都令营员们印象深刻。

参观完毕之后我们开始进行座谈会。座谈会共七项议程。首先，工作人员为我们播放了正大清江企业文化宣传片，片中介绍了正大清江的历史、经营理念、人才培养计划及未来的愿景。从中我们了解到正大清江是一家重视生产经营模式创新与技术革新的企业；正大清江将"为健康而生，因健

康而发展”作为使命，致力于把健康带入千家万户，为人民群众带来更加美好的人生。

接着，正大清江总经理朱勇先生以“特别演讲”的形式向我们分享他对“逐梦之途”的理解，回顾了自己30年的工作经历，并以此为例教导我们要会学习、勤于思考、善于总结，他还将人一生中工作的时间大致分为4个时期，每个时期大约为10年，不同的时期成功所需要的要素不尽相同，在不同时期我们需要具备与其相符的品质：从开始走上工作岗位之后的10年里，此时尚年轻，需要聪明和锐气，敢想敢闯；第二个10年，在经过了一定的磨炼后，要渐渐具有智慧和才气；第三个10年，要有中年人的睿智与格局，此时再表现出年轻人的锐气会显得莽撞；第四个10年，要将这么多年的经历和经验积淀成品德和大气。这段发言将为同学们以后的学习与工作道路的选择提供许多帮助。大家受益匪浅。

然后，来自清江浦区人事部的老师为我们讲解了当地的人才政策与福利政策，其中重点介绍了“苏北急需计划”。

介绍完毕后，中国药科大学、南京中医药大学、南京医科大学3所学校带队老师和优秀营员代表依次发言，分享活动中的感受及展望。公司及当地区政府领导给活动中的优秀营员颁奖。

会议最后，以清江浦区组织部副部长王老师的发言作为结束。他表达了对策划、组织这次活动的企业、政府人员及参加此次活动的师生的感谢，以及对各学生毕业后能回到家乡工作的希冀，并祝愿各位同学以后在考研、就业方面能取得不错的成果。参加此次活动的主要是大二大三的学生，他们正处于本科阶段的重要转折点，想必此次在正大清江公司的见闻对药学院的学生们有所指导和帮助。

回顾这短暂而充实的四天，药学院师生都表示这是个很有意义的经历。在徐州，正值中华人民共和国成立70周年，师生们参观了淮海战役纪念馆和淮海战役烈士纪念塔，并举行了祭献花篮仪式，感受到了中华民族深入骨髓的不屈的爱国精神。有幸报国，便不负少年！徐州的博物馆、云龙湖、云龙山也让师生们流连忘返。抵达淮安后，“红色主题”素质拓展活动也在体能、团队配合、意志品质等方面对学生们进行了训练。最后一日的清江浦之行更是意义非凡。

此次夏令营活动紧扣“红色”主题，院企同行，合作共赢，形式多彩，意趣非凡。正大清江方面精心筹划，妥善组织。徐州与淮安相关地方机构大力支持，紧密配合。南京医科大学带队老师细心负责，全程跟进。南京医科大

学的学生代表们服从管理，积极参与，与本校同伴和兄弟院校的同伴们紧密配合，和谐相处。再加上天时地利——人杰地灵、风调雨顺的徐州和淮安。夏令营圆满成功地结束了。

南京医科大学的学生代表们向正大清江及中国药科大学、南京中医药大学两所兄弟院校表示诚挚的感谢，本次合作愉快。

希望南京医科大学药学院的学生们不忘初心，砥砺前行，前程似锦，并将所学的知识通过卓越的平台回报于祖国和人们，为我国的医药产业的发展贡献出自己的一份力量，更希望我们的祖国日趋强大，繁荣富强！

红色的过去换来了今天的阳光灿烂。如果你在感慨现在生活的艰难，如果你在浪费着生活所给予的美好，那么就时常翻开过去红色的记忆吧，或许你会更加珍惜现在的美好生活，更加积极向上地生活。

回眸:药学院里的戏曲时光

4月23日我校戏曲广播体操大赛圆满落幕,我院三个年级的18名女生和6名男生在比赛中跟随节拍,翩翩起舞,带来了精彩的表演《药苑舞芳华》。

三月初经过自主报名后,文娱部同学开始带着大家学习,参赛同学每周有三到五天参加训练,有时中午连午饭都来不及吃,有时晚上会训练到熄灯。指导老师一次次地调整动作,一遍一遍地纠正细节。学工办老师们和主席团学生干部在临近比赛的一次训练中给大家送去慰问品,为即将上场的同学们加油鼓劲。

每次集体训练结束后,动作不是很熟练的同学留在原地继续加练,大家互帮互助,互相纠正,只为在比赛上有更好的呈现效果。这一个多月,他们努力的身影,将印刻在每个人的心里。

对于很多都是舞蹈零基础的同学来说,完全掌握所有动作的确不容易,为了达到整齐划一的效果,一个简单的动作也要重复无数次。学生负责人的严格要求让有些同学心有委屈,这样的过程中难免会有同学抱怨。

但是渐渐地,看到学生负责人从头到尾一直喊着口号,有时甚至喊到喉咙嘶哑,大家慢慢互相理解,只因药学院人心中都有一个同样的心愿。

为了让表演更加有韵味儿,我院同学在服装上精心准备,从挑选到试穿,轮番试了不下十套衣服,了解每个同学的感受和想法后,才确定最终出现在大家眼前的水墨风服装,这类似于山水画的搭配,让人看后赏心悦目。

比赛当天午饭过后,所有参赛队员到药学楼开始化妆,学工办老师们也和同学们一起为参赛队员轮流打底、涂眼影、画眼线……化妆间里不时传出爽朗的笑声,这期间建立起的友谊是每个人的财富,一张张笑脸是药学院人团结协作的最佳见证。

我院的出场顺序是9号,“亲友团”在台下早就按捺不住,翘首以盼。我

院队伍一出场，亲友团的掌声响透了整个体育馆。开场时的舞蹈简单而不失柔美，戏曲广播操的动作整齐有力，表演行云流水，他们展现出属于药学院人独有的风采。

一个多月的努力画上了圆满的句号。台下热烈的掌声不仅是献给舞台上完美的表演，更是献给他们台下的辛苦和汗水。

我院最终获得优秀组织奖和三等奖。比赛虽然结束了，但这段经历将会被每个参与其中的人珍藏，他们收获的不仅是属于学院的荣誉，还有那份难能可贵的坚持和毅力。愿下届再战，取得更好的成绩。

军训特刊:追忆似水年华

今天,经过15天淬火的利剑,迎着梦想与希望,铸成!

再坚持一秒,汗水掷地有声!

军训在南京的骄阳下拉开了帷幕。白云荡漾在帽檐以外的晴空之上,而我们被一道"站军姿"的口令定格在鲜红晃眼的跑道之上。

抬头挺胸,目视前方,双手紧贴裤缝,任骄阳戏谑。10分钟仿佛有一个世纪那么长,时间越久,越是焦灼难耐。额角沁出的汗珠,汇聚到一起,流经晒红的脸颊,打在大地上。放眼望去,个个都是汗流浃背,衣衫尽湿。

但是我们都没有退却,而是迎着阳光,迎接汗水的洗礼,欣然面对大学之旅的第一个荆棘。

有一种情谊,是烈日炎炎,却心如甘霖!

烈日灼心,学长学姐将精心准备的水送到学弟学妹手里,这些水联结了一段情谊。

看似简单的送水活动背后却是辛勤的付出,透明澄澈的矿泉水被赋予了深深的情谊后便不再平凡,不仅是解渴,也使我们这颗渴望关怀的心得到滋润。

送水时的慰问演出更是锦上添花,学长学姐可谓是用心良苦,感人至深。

烈日送泉水,同僚情谊深。

再坚持一秒,雨水倾盆而下!

吃尽了太阳的苦,心中渴望一场甘霖,放松一下疲倦的身体。于是每日必拜萧敬腾,心里供着老龙王。

雨天的到来让我们猝不及防。雨水拍打着我们的肩膀,流过我们的脸颊,拨乱我们的头发。

但没有人想过要停止训练,雨中齐步,南医人从容不迫,雨中军姿,南医

人自强不息。

有一种离别，是千言万语还来不及说，泪水却早已泛滥！

再见了相互埋怨的教官
再见了来不及说出的谢谢
再见了这些天的烈日炎炎
再见了不会再有的调整军姿
偷偷揣在帽子下的
是教官不允许我们掏出手机的画面
没玩过几次荣耀却相约王者峡谷见的腼腆
急着找伴儿还许着一定回来看我们的诺言
军训时想着赶紧结束
结束时却因离别而泪光涟涟
那首以前烂大街的《成都》
却成了让我们相视一笑的泪点
慢慢将军训服叠起
才想到我们将再也没有机会穿起
偶尔随机播放到那首豪情万丈的《逍遥行》
却比多少肝肠寸断的情歌更让人流连
眼看你们的车子越走越远
我们的心早已一片零乱
我们都知道离别的一幕总会重演
却还是放不下那快要挥断的手
就像那一晚满场亮起的闪光灯
我们放不下的不是“教官别走”
而是“一切珍重”

汗水，雨水，泪水，学姐学长送的水，给我们的军训画上完美的句号。我们将带着这份美好、憧憬与勇气，书写新的篇章！

绿茵操场上的我们被定格在记忆的扉页，记录着我们的“四水”年华！

最后，有人问，69 元的军训服现在值多少钱，我相信，经过这“四水”的年华，现在是无价的。

拿什么呵护你，除了爱，还有TA……

很荣幸，学院“525”心理健康节的活动选在了我们班，学院为我们邀请了心理辅导老师，制订了详细而又具有“药学2班”特色的辅导课程。3次团体辅导下来，大家的欢声笑语充满了活动室，大家脸上洋溢着幸福的笑容……纵有千言万语，也难表达我对这个班级的爱。2015级药学2班，我们都很棒！

——写给充满爱的团体辅导课

看一看大家对团体辅导课的感悟吧！

费建文：大家都有如此有趣的一面。

黄辉嵘：心理辅导给了大家坦诚交流的机会，提升了我们的凝聚力，希望大家一起努力，成为优秀的班集体。

施怡春：特别想说，同学们，余下两年，“多多指教”。

夏鑫楠：一次难忘的团队辅导，希望能更快地在其他班推广，促进我院的凝聚力。

杨威：整个班级在一起玩的时候还是挺开心的，没有平时那么尴尬。班级还是挺团结的，就是有时自己不知道做什么。

印海涛：在参加这个活动前，一直觉得我们班凝聚力不高，现在看来，还是很不错，很和谐的。印象最深的就是最后一个游戏，第一次听到用严肃这个形容词来评论我，可能变沧桑了吧，就像之前有小朋友叫我叔叔，老了老了……

鲍咪：团体辅导中有尴尬也有欢乐，既考验我们的勇气，也提高了我们的团体意识！其中的活动也是丰富多彩的，这些有趣的活动不知不觉地教会了我们很多，如礼仪、合作等。同学之间的深厚友谊更是我们不可多得的一份财富。

冯柯：感觉大家聚在一起玩得很开心，发现我们班其实是一个很友爱的

班集体(可能是平时交流不多,有发现)。

康露露:和熟人一起做心理辅导氛围轻松,有人接梗很开心,但可能和陌生人一起更有感觉,更能发挥心理辅导的作用。

时小娜:我觉得这次互动拉近了大家的距离,将宿舍小团体变成了班级大团体,在更好地认识大家的同时也增加了班级的乐趣。

吴抒倩:通过这3次的团体辅导,和班里的同学有了更多的交流,也对彼此更加了解。随着一系列活动的开展,感觉和同学间的感情更深厚了,同时也学到了许多人际交往方面的知识。

徐悦:增加了一些课余大家相处的时间,改善同学关系什么的还是要靠自己班的同学慢慢磨合。

杨迪:团体辅导的小游戏确实很多。在一些活动讲出了自己的心声,过程还是蛮有趣的。但感觉这种活动的时间较短,起到的作用不明显。

杨晓晴:我觉得这次辅导很有效地让大家认识到班级里的每个人都很可爱,每个人都有各自的优点。通过认真的交谈,发现大家都是很好相处的,每个人都在配合着这个团体,友爱又温馨。团体中,只要大家开心,团体就是个友爱的大家庭。班级有了凝聚力,班级活动就可以有效开展。

袁月:经历了3次团体辅导,感觉对同学的了解更深刻了,配合得也更加默契,希望我们能保持下去。

袁玥:其实我不觉得班级里特别不团结什么的,可能只是沉闷。但这3次活动确实让我有所收获,提供了让我们聚在一起的机会,说出自己的想法确实让我们更亲密一些。期待更多的班级活动。

张婕雨:我觉得这次的心理辅导最好的环节就是最后的"表白"环节,既能够让大家说出一些平时可能对朋友不常说的话,也可以让大家更加全面地了解别人。

张希:最喜欢的是最后互相"表白"的那个环节吧,又暖又萌的,大家还是共同爱着这个班级的。

张雅卓:个人的潜力是有限的,集体的力量是无穷的,每一次齐心协力的团结合作,都会让我们之间的距离越来越近。

朱婉欣:收获颇多。一个团体内的良好关系需要每个人的付出。

陈培:来到这个班级不到一年,接触和认识了所有的同学。其实我们班真的很温馨,在团体辅导中我越来越能够感受到这份温馨。我们班会越来越好。

药学院 2019 英国曼彻斯特大学暑期夏令营纪实

2019 年 7 月 21 日，南京医科大学药学院在国际合作与交流处支持下，组织选拔了 14 名同学，由胡琴副院长带领，前往英国曼彻斯特大学参加为期四周的暑期药学访学项目。这是我院学生第一次赴境外进行暑期学习，以强化与拓展专业知识、开拓国际视野、提升实践技能、提高英语交流能力。曼彻斯特大学是英国著名的六所“红砖大学”之首。

参与项目的同学们通过前期的宣传、报名和面试，对接下来四周的曼彻斯特生活均已有所了解，每个人都十分期待这场即将开启的访学旅程。

No. 1 初识英国

到曼彻斯特的第一周，迎接同学们的就是异常晴好的天气，暖风拂面，甚是惬意。走在曼城的路上，抬头便可以看见一尘不染的蓝天，澄净透亮，点缀着朵朵白云，仿佛触手可及。双层巴士穿梭其中，行人匆匆。不同于国内的街道上满眼的小电驴，曼城多是自行车。街边有很多英式超市，食物大都已分装好，以自助结账为主。

第一周以让同学们适应生活为主，课程设置多以讲座和上课为主，内容主要涉及英国的临床药师及相关机构的介绍。一周后，同学们逐渐习惯了曼城的生活，融入这里的生活节奏。

No. 2 英式课堂

同学们主要在位于曼彻斯特大学中央的 stopford building 上课。教室的课桌以六人为一小组，配备有六台电脑。每当老师分配小组任务时，药学项目的助教 Denzil 就会帮同学们将电脑从桌子下面升到桌面上，便于同学们查找资料。课堂偏向于开放交流式，老师们都很乐于与同学们交流想法，也经常会就一个问题，先进行小组讨论，再进行师生交流。四周的时间里，同学们与各自的小组成员制作了一个给定话题的视频、一份药品宣传单，完成了一次展示等。在四周的课堂时间里，同学们迅速成长，交流协作能力也

大大提高。

No. 3 实验课上

从第二周开始，同学们迎来了最期待的实验课！在整个学习课程中，同学们学习了药物化学实验、药物分析实验、药剂实验及微生物实验等。学校为我们提供了两个十分宽敞的实验教室。每次实验课开始之前，同学们都会按要求换上合适尺寸的实验服，戴上护目镜和手套，找到合适的位置，坐下，听实验老师讲解实验有关注意事项。学习完理论知识后，同学们就开始动手做实验。每次实验都会有三四个助教，随时回答同学们在实验中遇到的问题并指导操作。

同学们印象比较深的是微生物实验。每位同学可以在任何自己感兴趣的地方用棉签取菌落，涂抹于三种不同的培养皿上，三天后用肉眼判断培养的菌落的外形、边缘等，然后在显微镜下找到菌株，判断其为革兰阳性菌还是革兰阴性菌，再进行各自的后续实验，如判断菌株的性质等。曼彻斯特大学的实验课，对于安全问题和学生的独立操作能力十分看重。几次的实验课后，同学们普遍反映学到了很多新知识，实验操作技能也熟练了许多。

No. 4 人在旅途

在这四周里，同学们去了利物浦，领略了英国最古老教堂的魅力；去了伦敦，陶醉于相关景点中，也感受到了伦敦地铁的错综复杂；去了北威尔士，置身于中世纪的古堡，欣赏了一望无际、澄澈的爱尔兰海；去了塔顿公园，沉浸于古老庄园的典雅，满眼的绿色洗刷着疲倦。每个地方都独具特色，有着自己的独特魅力。

心 语 摘 录

四周的生活转瞬即逝，这段旅程经过同学们的努力描绘，已经非常精彩。在曼城的四周时光将不只是定格在一张张照片里，更珍藏在每位同学的记忆中。满满的收获将给予同学们一个新的开始。

“感谢遇见，曼彻斯特大学；我们回来了，南京医科大学。”

青年药你说|“疫情期间网络让我们更加接近真相还是远离真相”

2020年5月2日上午，药学院“青年药你说”辩论赛在至诚楼Y320进行了第一轮辩论赛。本次辩论赛旨在调动同学们的积极性，丰富疫情防控期间同学们的课余生活。

第一轮比赛的辩题是“疫情期间网络让我们更加接近真相还是远离真相”。正方“对面就这”队的观点为接近真相，反方“Triple Kill”队的观点为远离真相。此次辩论赛赛制为每队三人，分为破题立论、讨论、驳论、自由辩论和三辩总结五个环节。最后由主席点评，观众进行投票决出胜负。

辩论开始前，主持人对比赛进行了简单的介绍，双方辩手自我介绍。300秒破题立论环节正反方都进行了充分的准备，从各个方面进行剖析论证，让人觉得各有道理，真是针锋对麦芒，吊足了观众的胃口。

得知了对方的论点后，两分钟的讨论环节显得尤为重要，双方都在努力寻找对方一辩的破绽，一发制敌。随着铃声的响起，驳论环节开始。正方二辩反问疫情的真相是什么，而反方二辩也抓住了真相的全面性进行反驳。双方二辩一问一答，唇枪舌剑，即便争得面红耳赤，也是句句谨慎，生怕让对方钻到了空子。

都说辩论赛是一场文字上的争论，这句话用在五分钟自由辩论环节显得尤为精确。双方二辩继续上一轮的争辩，展开了新一轮的辩论，“为什么在疫情期间人们出不去的情况下，各社交平台都开设了疫情专区，这难道不是网络让我们在了解真相吗?”“难道社交平台的疫情报道都是真实的吗?不可否认也有很多谣言存在!”“受众使用网络的目的只是满足自身需要，而非接近真相”等。即使身为观众，也是听得热血沸腾，让人有种冲上去讲两句的冲动。

五分钟的自由辩论戛然而止，终于到了最后的三辩总结环节，两位辩手都从容地将观点罗列出来，正方三辩甚至手口并用，深度剖析了谣言和真

相。最终,正方以略高的支持率取得了胜利。

通过此次辩论赛,同学们的辩论和合作能力得到了提高,思维反应速度得到了提高,沟通技巧得到了加强。希望经过这次比赛,同学们能够以更加积极的态度应对疫情与学业。

附:

正方三辩部分总结陈词

我们肯定网络在疫情期间在我们的生活中发挥着巨大的作用。网络使我们知道全国各地甚至世界各地的疫情,这是疫情期间残酷的真相;网络使那些没有防疫知识的普通人知道了正确有效的防控方法,这是疫情期间应该全民皆知的防护的真相;网络使大家不再停留在日本和中国政治的摩擦,知道什么是"山川异域,风月同天",这是疫情期间国家间守望相助的政治真相;网络使我们困在自己的家中也能看得见医护人员脸上久戴口罩的压痕,认识那些为了"打怪兽",剪掉长发"出征"的母亲,了解到全国的白衣勇士在一线抗疫,就为了给我们一个看见阳光的春天,这是疫情期间感人至深的逆行者的真相。没有网络,在隔离的恐怖、焦躁、不安里,我们岂不是早就失去了等待 2020 春天的信心?

是网络让我们在疫情期间看见了生活的真相——虽然残酷但是我们仍不失希望勇敢地活着。所以我方还是想强调,网络已经尽最大的努力将真相送到我们面前。

最后,《谣言:世界上最古老的传媒》一书中提到任何时代都存在谣言,没有假象,没有谣言,就没有所谓的质疑,而正是质疑精神使我们抽丝剥茧,离真相越来越近,真相就是在此起彼伏的质疑声中拨云见日逐渐成长的,历史就是这样在真相的接近中螺旋式发展的。就题论题,疫情期间,国家和政府不断致力于用网络发布大量信息和辟谣,这是国家权威对网络使我们接近真相的认可。因此我们就不难得出结论,疫情期间网络使我们离真相更近。

反方三辩部分总结陈词

对方辩友说到,网络时代,我们获取信息的渠道增多,信息多样化,我们可以很轻易地在网络中获取信息,接近真相。我想强调的是信息多并不等同于信息真实,我们比的是质而不是量,众多的掺杂着个人主观色彩的信息碎片能拼凑出事物原本真实的面貌吗?显然不能。真相不是拼凑出来的,而是必须谨慎求证的。

另外,我想问一个根本性的问题:到底什么才是接近真相?这其实与我

们对事物的认知能力有关。我们无法否认在自媒体时代有更多机会发声，但发声者并不都具有公共知识分子应有的良知与担当，更多的是出于利益等原因完全扭曲现实的发言，即自由话语权并不代表我们可以离真相更近。个人辨别真假信息的能力不足、自媒体时代真实性的相对降低和信息量的爆炸式增长，都加剧了我们获取真相的难度。

在互联网时代，你所接受到的消息是计算机大数据下根据你的喜好搜集的。在这种情况下，对方辩友所说的，大家在一起辩证思考寻求真相其实是难以存在的，你看到的只是你想看到的，我们只会按照自己的意愿来偏离真相。

人的精力是有限的，人的信息筛选和甄别能力也是有限的，网络上激增的信息量与我们的能力间存在的矛盾使得我们必须付出更多的时间和精力成本才有可能获取真相，我们探寻真相的道路变得越来越漫长。此外，又会有多少人全程关注整个事件呢？大部分人都是浮于表面，今天知道了这个事，却不了解明天这个事又是怎么样的。就好像上课一样，如果说网络给我们介绍的是章内容，那我们看到的只是其中几小节。从公众认知角度来说，我们看到的是不全面的，这使我们远离真相。

青年药你说｜偶像对青年成长是利大于弊还是弊大于利

2020年5月2日下午三点，青年药你说辩论赛第二场拉开了帷幕，上午的比赛硝烟未散，下午场的战火又再次点燃。

第二场的辩题是“偶像对青年成长是利大于弊还是弊大于利”，正方“追星柠檬”队的观点是偶像对青年的成长是利大于弊。反方“说的都对”队认为偶像对青年的成长是弊大于利。

在每位选手进行自我介绍后，便来到了立论环节，正方从偶像是青少年的榜样切入、偶像给青少年提供动力、带来正确三观等方面首先进行阐述。

反方则列举了一系列官方统计的数据，有理有据地展现了当红流量明星给粉丝造成的负面影响。从粉丝低龄化、情绪化和社交媒体上的过激言论影响价值观等方面进行深度剖析。

接下来的驳论和自由辩论环节更为激烈，两方从“偶像与科学家谁的社会价值更大”“偶像对青少年三观的塑成起着怎样的作用”“偶像设立人设是否有意义”等方面，展开了对辩题的分析与讨论。

最后，两方的三辩进行了简单的总结，偶像只是我们生活中的调味品，并不是必需品。偶像勇敢追求梦想的正面形象影响着青少年，但同时也可能破坏社会的和谐。作为青少年，我们要把握适当的度，树立正确的价值观，成为一个品德高尚的人。

赛后，由杨宇豪同学进行了整场总结：从辩题来看，在讨论弊还是利时，要避免导向“偶像本身是好是坏”，应从整体入手。在场的两队各有千秋，不失风度，唇枪舌剑中赛出精彩。

经过评审群内观众评审的投票，正方“追星柠檬”队的票数更高，取得了最后的胜利。赛场上“针锋相对”，赛场下互相交流心得，正反方的同学们在辩论中不仅拓展了视野，还加强了个人能力，收获了友情。

附：

正方三辩部分总结陈词

第一，偶像明星的作品，无论类型，都在一定程度上娱乐了青少年，使青少年感到快乐。他们的存在使得青少年有了释放自己繁重学习压力和各种负面情绪的空间。偶像是陪伴，是鼓励，是青少年的精神寄托。

第二，偶像明星代表的就是青少年的一种希望和向往，他们对于青少年而言是一面镜子，折射的是青少年自己希望成为的样子。偶像间接给青少年树立了榜样，指引他们寻找到自己的人生目标。青少年在追星的过程中也会了解到偶像的付出和坚持，并因此得到激励，在自己的生活中勇敢地去追逐自己的梦想，朝着自己的目标不断前进。

第三，偶像明星作为公众人物，具有巨大的影响力和感召力，他们会将最美好的样子展现在大众面前，引导喜欢他们的青少年拥有正确的三观，拥有自己的生活。所有的偶像明星也有自己的生活，不希望被无脑的粉丝侵犯自己的隐私。他们也不止一次在公开场合呼吁粉丝理智追星。而现在的粉圈互撕现象的产生是因为没有一个正确恰当的管理机制和制约条件，导致粉圈文化肆意横行，伤及无辜，这些错不是偶像明星一个人导致的，也不是他一个人可以控制的，这需要社会方方面面的管控。

第四，盲目崇拜导致的悲剧是因为崇拜者自己在心理方面存在着缺陷。

总结下来：偶像带给青少年欢乐，陪伴他们成长；偶像给青少年指引前进的方向，提供奋斗的动力，成长为更优秀的人；偶像给青少年传输正确的三观，让他们严以律己，宽以待人。

偶像带来的正面影响不止这些。如果真如反方所说，弊大于利，为什么主流媒体会邀请流量明星呢？难道不应该避而远之吗？

最后我想说的是，当代的青少年不是生活在真空中的，因为网络信息的高度发达，他们每时每刻都在接受来自外界的信息。这些信息或许是美好的，正能量的，但也可能是残酷的，丑陋的。偶像不过是这之中的一环，而他们更多传递的是正能量。

综上所述，我方认为偶像对青少年的成长利大于弊。

反方三辩部分总结陈词

青少年正处于对人生观、价值观不成熟的时期，自我认知、认知他人的能力也不成熟，往往会让自己对偶像盲目崇拜，只注重外表不注重文化修养。这会让青少年在追星过程中迷失自己，不仅浪费宝贵的青春，还会造成精神、心理、经济等方面的影响。

青少年对当红流量明星的追求，大部分都会羡慕偶像外表的光鲜时尚，自己也会渴望一夜成名，幻想完美的爱情，崇尚拜金主义。这对其完善人格，形成正确的人生观、价值观会有不利影响。

崇拜偶像会产生光环效应，从而使那些追随他们的青少年形成夸大的社会认知。这种认知会严重影响青少年对真实生活的正确评判。一旦偶像身上的所谓光环退散，不经世事的青少年往往会因为承受不了打击而造成心理崩溃，甚至形成偏激、易怒、不接受任何反驳其偶像言论的性格特点。

青少年是社会主义接班人，是未来的国之栋梁，如果现在青少年就跟随偶像崇拜之风，那么未来整个社会的文化形态会随着偶像崇拜的狂热发生巨大的变化。政治文化淡化而流行文化繁荣；精英文化衰落而低俗文化兴起。长此以往，社会价值会转向重视现实利益，追求低级趣味，从而破坏社会文化的和谐。

在当今社会，的确存在着流量明星崇拜的巨大弊端，这些弊端，不仅对青少年造成了很大的危害，而且不利于社会发展。所以我们呼吁：对于流量明星我们可以将他们当成娱乐方式的一种，但是不要对其狂热崇拜，对于偶像崇拜我们要把握适当的度。无论你崇拜谁，都别忘了他只是生活中的调味剂而不是现实生活的必需品。

最后，我们要知道崇拜谁也拯救不了只空想不实践的人，与其将大把的好奇心、时间和热情都献给别人，不如认真地寻找、发展自己的优势和社会价值。

综上所述，我方坚持认为流量明星对于青少年成长的影响是弊大于利的。

青年药你说|安乐死 or not?

2020 年 5 月 2 日 16:00,青年药你说辩论赛最后一场比赛在至诚楼 Y320 举行,本场比赛的辩题是“安乐死 or not?”正方“任男我陈队”与反方“防弹少女团”就安乐死在中国能否施行展开了一场精彩的辩论赛。

主席发言,辩手自我介绍后,一辩立论开始了。反方首先从法律、社会矛盾、医学三个客观角度,条理清晰地阐明了自己的观点。

正方也不甘示弱,引用名言,从法律、生命权、病人与家属三个主观方面,表明安乐死并不是生和死的问题,而是对死亡方式的决定。

接下来的驳论环节和自由辩论环节将比赛推向了高潮。两方从“中国的现实情况能否支持安乐死的合法化”“临终关怀和安乐死哪个更合适”“安乐死合法化的利与弊”等一系列问题出发,进行了激烈的讨论。其中对生命的思考、对弱势群体的关注、对国情的分析,将辩论的思想深度又加深了一层。

最后,两方三辩对上面的发言进行了总结。安乐死能否在中国合法化是一个涉及医学、哲学、伦理、社会、经济等多个领域的问题。随着科学的发展,人们传统观念的改善,人们会重新审视伦理道德,不仅希望可以有尊严地活着,更希望能有尊严地离开。

就像叔本华所说:就算明天是世界末日,今晚仍要在园中遍植玫瑰。但是,这一切并不是理想化的,它需要建立在健全的法律和实际的国情上,我们仍要为此做出很大努力。

本场主席胡箫同学及杨宇豪同学进行了赛后点评:这个辩题体现了正方与反方价值观的碰撞,正方在主观上对生命与死亡进行了讨论,而反方在客观上对安乐死背后的问题和后果进行了剖析。双方的辩论都十分精彩。

最后根据观众评审的投票结果,反方“防弹少女团”以一票之差惜败正方“任男我陈队”。“任男我陈队”取得了最后一场辩论赛的胜利。

随着本场辩论赛正式结束,“青年药你说”也走近了尾声。比赛并不只有输赢,辩论的初心并不是分个你我高下,而是思考与交流。我们有不同的论点,却有着同样一份信念。在这段特殊的时期,我们看见了很多,听见了很多,感受了很多。那就让我们思维碰撞,思考更多,体悟更多。

“青年药你说”活动虽然结束了,但我们更希望同学们在今后的生活中,多思多悟,多锻炼自己,化“要我说”为“我要说”。

“三尺台上,唇枪舌剑,静若卧龙,动似飞虹。”无关成败,今朝我们都是胜者!

附:

正方三辩部分陈词

第一,我国关于生命保护的法律体系欠佳。法律作为一种规范社会的工具,是应社会的要求产生的。就死亡过程而言,只要社会提出了明确要求,则法律就应该认真对待,尊重社会的要求。而安乐死之所以在我国作为一个问题出现,就在于它已成为社会需求的强烈表现。目前在司法实践中,将安乐死作为犯罪来处理,以此防止因实施安乐死而导致的各种弊端。但是这种“一杆打死”的做法并不符合社会要求,从而也不能使人们自觉遵守,而只是导致人们对其规避。

例如,我国卫健委关于对晚期癌症病人一再放宽使用麻醉药物限度的规定,其实也是在一定范围内对安乐死变相的认可。另外,我国许多地区特别是经济不发达地区,医院因缺乏必要的昂贵医用器械或药品而停止对病人积极地救治而导致其死亡,或者病人家属因费用太高而根本不送病人入院治疗,放任其死亡的情况也时常发生。这些现象虽然存在,但是由于社会关注不够,法律规范和监督不力,人们往往对此习以为常,很少有人对此提出异议。这种因立法空白导致的社会实际操作中对生命处置的放任,不利于对人们生命的保护。因此,在我国制定有关安乐死的法律,完善对生命保护的法律体系,加大对生命保护的力度,不但具有理论上的可行性,也具有积极的现实意义。

第二,安乐死符合社会主义的伦理道德和人道主义原则。随着我国社会的不断发展和进步,我们必须重新审视传统伦理道德和人道主义,摒弃其中不适合时代需要的陈腐观念,吸收顺应时代发展的合理因素,按现代的伦理道德和人道主义原则去重新评价安乐死问题。因为在现代人的道德观念中死亡是人生的必然现象,一个人不但有生的权利,也应当有死的权利。人们渴望有尊严地活着,也渴望有尊严地死去。

当一个身患绝症不久于人世的病人在病痛难忍时，我们首先要做到的是为其缓解痛苦。我们必须从病人利益出发，不应该为所谓的“社会公益和医学进步”而将病人作为研究对象以期发现救命良方，从而忽视病人万分痛苦的客观现实。当一个理智的绝症病人为了不再忍受病痛折磨，选择以安静方式离开人世，从而保持其人格尊严时，我们有什么理由去反对呢？毕竟，这种做法比那种靠人工方式维持生命从而延长病人痛苦历程更符合现代的道德规范和人道主义。

反方三辩部分陈词

第一，安乐死不符合我们中国人传统的生死观念、道德伦理和特有的民族文化背景。孔子曰：未知生，焉知死？可见，中国人有着对生命的无上尊重和对死亡的无限悲伤。而以荷兰为代表的西方国家，他们认为“人生来便带有原罪，只有死后灵魂才可以得到解脱”，这种宗教想法在中国人看来是不能接受的——如果死亡有那么美好，人死后又何必大肆举办葬礼沉重哀悼？

第二，安乐死会对我国社会伦理观念产生巨大冲击。为了多省一点点钱，为了不拖累亲人，很多善良的老人和绝症病人选择了用死亡这种方式去成全亲人，自愿接受安乐死。但难道这样我们就可以打着“是他们心甘情愿”的幌子，堂而皇之借安乐死来免遭拖累吗？当我们所爱之人，他们的命运渺小到被掌管在一支小小的针管里时，我们的良知和人性也就沦为了最可笑的东西。这样的社会悲剧真是你我之所愿吗？

第三，对方辩友也曾再三强调，安乐死的前提是无法救治，濒临死亡。可有哪一个医生有权去判定某病人无法救治，必死无疑？西藏治不好，上海或许就能治，你救不活，别人兴许就能救。况且当今世界，科技发展迅猛，医疗技术不断飞越，医学奇迹更是屡见不鲜。谁敢说当前无法救治的顽症，在一两年内不会被医学界攻破呢？

说到这里，唯一令我们放心不下的就是病人本身生理和心理上的巨大痛苦了。可又如我方二辩说的那样，除了一死了之，还有诸多更可取的途径，安乐死绝不是唯一更不是最好的方式。临终关怀就不失为一种上上策。通过给予病人对症下药、家庭护理、缓解症状、控制疼痛、心理辅导、减轻或消除病人的精神负担，让病人理性正确地面对死亡，坦然勇敢地接受死亡，这才是对生命的真正尊重！

综上所述，安乐死并不只是一个医学名词，它还是哲学问题、伦理问题、经济问题，更是社会问题，这些都与现今中国的实际国情有着无法忽视的本质冲突。

师生健身行

10 月 10 号中午，校教职工及各院代表团一起参加了“幸福杯”校庆日，开展师生携手校园健身行活动。带领药学院代表团的是季勇副校长、江宁玉书记、胡琴副院长及学工办顾莹老师、赵昆磊老师。

在微风习习中，校领导开始讲话：喜迎我校建校 83 周年，身为南医人，大家都感到喜悦和自豪，感谢各位积极参加这次具有特别意义的活动，希望每个人都能通过这次活动意识到身体健康的重要性并多多锻炼，最后预祝本次活动成功，祝福大家身体健康。听完领导讲话，所有人都为南医骄傲！

接着就开始本次活动的重点——参观校园！和大部队一起，我们从南门庄严的升旗台开始，从天元湖最外围行进至我校附属逸夫医院，再继续前行，观赏美丽的静思湖。大部队一路欢声笑语到达新生曾进行军训的绿色操场，再到最后一站——学校独特的动物实验基地，最后回到南门。过程中，院里的老师和我们亲切交谈，既有对军训后的校园生活的关心，也有对大学课程学习的提点。一路上，我们不仅感受到校园景色的韵味，而且体会到药学院老师们的关心与支持。

为了留下美好的回忆，参加活动的药学院代表团成员合影留念，每个人都留下了灿烂的笑容。

这次活动让我们深刻意识到了身体健康的重要性。身体是革命的本钱，作为一名医学生要有足够的体力去拿起手术刀完成复杂的手术。希望每个人通过健身跑步锻炼体魄，不要总宅在宿舍哦！

我们与教官的一场奇妙相遇

军训场上有这样一群人，
身姿挺拔，棱角分明，
"一二一""齐步走""正步走"，
中气十足，
堪称移动的荷尔蒙；
有时严肃认真、眉头紧缩，
有时又撒欢笑闹、歌声朗朗，
反差萌激起一众的少女心；
正是最好的年纪，
却把重任扛在了肩上，
虽把重任扛在了肩上，
却不掩青春的朝气。
他们就是：
教官。
教官，我与你相遇，
是十八岁与二十多岁的相遇，
更是娇气稚嫩和坚毅成熟的相遇。
这一场相遇，真的好幸运。
教官，
我想对你说……

一、我对教官说

1. "你们若有一个人的脚掉下来，就全部加练 10 秒，因为你们是一个集体。"你教会我们的不只是齐步正步走，一点点渗透地分明是军人优秀的价值观念。你们在我们生命里走过的这一小段，胜似陪我们踏遍险峻急湍。

遇见你们，是大学最好的开端。

——程颖

2. 教官，我想不出其他什么可以形容你的事物，唯有太阳。我们求雨求得积极，可是，若真没有了太阳我们又往往会变得沮丧。你并不是过客，你也不会是默默无闻的路人！教官，您辛苦了！

——李蕾

3. 您希望我们成为南医骄子，我们希望您选择自己想走的路，坚持做想做的事，一路潇洒到底！

——周婷

4. “同志们累吗?”“累啊！”“同志们开心吗?”“开心啊！”这样的心情，我是第一次体会到，或许只有教官你才能带给我们吧。我真的好幸运。

——曹凡

5. 练习匍匐前进最为难忘，手肘膝盖蹭出一块一块的淤青，划出一道一道的血痕，我们叫苦不迭，你不说话，只给我们展示了你手臂上一道道触目惊心的伤疤，“我们是男人就撑住”。教官，谢谢你教给我们何为血气方刚，何为毅力刚强。这样可爱可敬的你，如何不是我们敬佩与学习的楷模！

——杨思远

6. 最近我总是在想，你和我本来相距了那么远，可我们就是跨越了千山万水在南医相聚，共同经历喜怒哀乐，这也许是上辈子的缘分吧！你的着急，你的用心，我们其实都看在眼里，记在心里；你的付出，我们更是觉得感激和感动。我们接下来一定会努力训练，拿下优秀连队的锦旗。最后，我想说一句：你辛苦了，教官！

——姜波

相遇是双方的事情，不仅我们觉得奇妙，其实教官们也觉得珍贵无比。

相处了这么多天，教官们想对我们说些什么呢?

二、教官对我说

1. 夏教官(21 岁)

你们总是唱《王妃》，但其实我挺不希望下雨的，虽然说下雨我也能休息，但不下雨我就能多教你们一点，多跟你们相处一会儿了(害羞脸)。你们分列式走得……说实话啊，只有偶尔走得好，可是就那一下走得好，我就觉得我带的小鬼们真棒——你们真的很棒。我就陪你们半个月，但我希望我教给你们的思想能陪你们更久一点。

至于我对你们的期望，我希望你们能通过军训学会独立和吃苦，在以后

的日子里能保持真心，这个最重要了。

2. 温教官(21岁)

我们连队的人都比较腼腆，很难在新的环境里敞开自己。但是我觉得腼腆的人往往更容易付出真心。我常说，你们若有一个人的脚掉下来，就全部加练10秒，因为你们是一个集体。我觉得集体荣誉比生命更重要。

那天你们嘶吼着喊番号时，尤其是那句“八连学子，笑傲江湖”，有一种融进血液里的霸气，让我很是感动，我就知道你们都记下这话了，有一种自己的孩子长大了的感觉(挠头)。

我希望你们在今后的日子里不要忘记我们的军人精神，在迷茫迟疑的时候回头想想军训的日子里流下的汗水和欢乐，抬头向前，一直走！

3. 肖教官(20岁)

我就一句话，你们不要学我。

这位大家口中的“肖可爱”教官接受采访时，毫不吝啬地将自己的全部经历和盘托出，但讲到寄语，却只会重复这一句。大家不要失望哦，请看姜波同学为教官改编的《我就静静地听着你的过去》：

你说你也曾混高中，
也曾经上过职校。
抽过烟，喝过酒，
还烫过一个波浪头。
你在学校打过架，
你在学校闯过祸，
也被无数次地教训过。
现在战友陪在身边，
在军营学会了成熟稳重。
我就默默地听着你讲过去，
从来不想打断你。
你有个性，却很正直，
认识你是我的福气。
你聊天聊地聊过去，
说要严格要求自己。
还告诫我们别学你，
其实我们都佩服你。

4. 钱教官(24岁)

很高兴能带领药学院女生同学进行这次军训,这十几天的军训,我知道你们很苦很累,但我也看到你们面对困难与挫折的时候同样能咬牙坚持,这说明军训带给了你们成长,能够陪你们成长我觉得很幸福(笑眯眯)。

我希望在未来的道路上,你们能够更加坚强,能够更加自信,更加坚定地走好自己的路。

张爱玲说:前生的五百次回眸,才换来今生的一次擦肩而过。教官与我们的这一场奇妙的相遇,不知要用多少珍贵的缘分才能换来。军训已经接近尾声,离别就要来临,但那些美好的记忆和可贵的精神是如何也不会褪色的。

“谢谢”两字多么微不足道,可是,可爱的教官们,我们想大声对你们说:“教官,谢谢你!”

和祖国一起奔跑

——纪念改革开放40周年校园迷你马拉松

一个改革的政策如一场春风，吹绿了大江南北。

一个开放的决断如一场春雨，滋润了华夏中原。

四十年了，中国在改革开放这场长跑中已经奔跑了四十年。从黑白电视机到家家户户的彩电，从一日三餐的温饱到花样辈出的佳肴，从低矮漏雨的瓦屋到鳞次栉比的楼群，从车马劳顿的翻山越岭到高铁时代的畅游祖国，这沿途的风景变了又变。风风雨雨，中国从不曾停歇！

为了让同学们能更深刻地体会到这四十年的沧桑巨变，药学院特举行以改革开放40周年为主题的迷你马拉松活动。从1978年到2018年，我们每隔10年设置一个站点，在富有年代气息的音乐和贴纸中领略祖国的如歌岁月。在奔跑的艰辛与不易中感悟祖国的勇往直前，我们也正和祖国一起奔跑！

赛场集锦

下午五点，比赛开始，寒风萧萧，参赛者丝毫不感到寒冷，因为心暖暖的。

段书记的细心关怀：无微不至的赛前嘱咐，振奋人心的激励鼓舞，亲力亲为的热身运动。

同学们的努力坚持：酸了，累了，想放弃了，等等，我再咬牙坚持一下！

赛场上大家互助：加油！终点处等你！相信你自己！

老师们的别样精彩：学生们这么厉害，我也不能输！

我们有话说

对这次的马拉松活动，不同年代的人喊出了不同的力量。让我们一起来听听他们的心声。

70后马腾飞老师：笑着担起责任！

四十年的巨变，从经济的贫乏到富有，从教育事业的薄弱到全面，身为

中国人自然是自豪的,但在自豪的同时,我们更需要担起未来发展的责任。

80后徐利国老师:运动精神常在!

运动精神无处不在!工作、学习、生活中我们都需要拿出跑马拉松的那股劲儿,跨过所有的坎!

90后孙向超老师:生命在于运动!

运动是全民的,运动是永恒的!为此次马拉松活动点赞!为同学们的坚持不懈鼓掌!

00后学生代表陈爽:光荣的接班人!

我们作为新时代的接班人,作为光荣的医学生,要努力学习知识为中国未来的事业添砖加瓦!

羽球起落风云生，友谊同结种兰心

药学院第五届师生羽毛球赛于12月19日至20日开打，共28名师生参赛。体育馆羽毛球馆内，教师代表、生活部和体育部全体成员及亲友团观看了本届比赛。

12月19日中午12:30活动准时开始。首先，江宁玉书记为开幕式致辞，回首了前四次大赛开展的盛况，并对此次大赛寄予了高度期望。同时，江宁玉书记提到，羽毛球赛的连年举办，是药学院“师生参与，全民健身”活动精神的传承。

两天的12场比赛，在三名裁判监督下有序进行，所有选手都全力以赴，严格遵守规则，认真对待比赛，最终角逐出冠亚军组合，冠军组合厉廷有老师和欧浪同学，亚军组合江宁玉书记与赵乾乾同学。

比赛结束后，体育部的两位同学采访了组织此次比赛的江宁玉书记及一些表现突出的选手。

江宁玉书记一直热衷参加羽毛球锻炼，并且积极参赛。她提议大学生要选择一项自己喜欢的运动项目并坚持不懈，在增强体质的同时放松身心、减轻学习压力，同时对同学们日后的大学生活寄予厚望。

厉廷有老师也表示大学生锻炼身体非常有必要，他希望大家每天坚持锻炼，贯彻全民健身理念。对于夺冠，他表示自己非常高兴，认为是自己和搭档的默契配合帮助他们取得冠军，并向我们强调了信任的价值。

欧浪同学作为羽毛球校队的一员，当谈到自己夺冠的秘籍时，她只是说，想打好羽毛球就一定要艰苦训练，没有捷径。其实学习又何尝不是如此呢。

20日中午，院领导给所有参赛选手颁奖并合影留念。此次活动完美结束。

在此次活动中,2017 级同学们积极报名、主动参与,取得的良好成绩令人称道,同学们洋溢的活力与药学院一直坚持到现在的早锻炼密不可分。同时,区别于一般的球赛,这次活动让老师和同学拉近了距离,互相看到了对方与平常不同的一面,让药学院这个大家庭更加亲密。同学之间的友谊之兰也在球起球落中散发出经久不散的清香。

以诗传情，以文颂怀，来看一场穿越古今的诗词大会！

4月1日，药学院“以诗传情，以文颂怀”诗词大会在图书馆五楼举行。本次比赛共有来自不同年级的8支队伍参加，学工办辅导员顾莹、杨秋普、孙向超老师出席了比赛。

比赛从诗词接龙开始，每支队伍依次将缺漏诗句补充完整，目的在于考察选手们对诗词的熟悉程度。每组五轮必答题，五道抢答题。必答题环节中，比分差距暂时没有被拉开，到了拼手速的抢答题环节，男同学们的手速似乎比女同学更胜一筹。但是，由于正确率不高，最终还是由“想要队友永远保持理智是一种奢望”队拿下了25分的本阶段最高分。

第二环节是诗词常识，本环节旨在考察选手们对诗词的深入理解。身着精致汉服的各位选手对答如流，赏析技巧信手拈来，赢得阵阵掌声。

经过前两个环节的激烈角逐之后，最终四支队伍杀出重围，进入第三轮——飞花令。选手要根据关键词轮流作答，考察选手掌握诗词的广度。在此环节，各个队伍的表现更是让人惊叹。三场对决、数十回合，一次次绝地反击让现场掌声不断。

经过三轮的比拼，最终在紧张的气氛中揭晓了一、二、三等奖。

但精彩到这里还没有结束，中场休息环节仍然非常精彩。由2018级药学2班带来的小猪佩奇的方言配音表演中，惟妙惟肖的口音引得全场阵阵爆笑；2018级药学1班的濑淋方同学对家乡广西的介绍也让人印象深刻；而来自2018级临床药学2班的徐健成同学以富有磁性的嗓音，为中场做了完美的结尾。

你以为到这里就要颁奖了吗？不！特等奖队伍需要接受全场观众的挑战。由选手抽取关键词，观众可以使用手机辅助，但在这样的情况下，“黑化肥挥发会发黑”队依旧凭借着深厚的诗词积累，撑下数十回合，赢得了全场观众的热烈掌声。

最后，学工办三位老师为优胜队伍颁发了荣誉证书。至此，本次诗词大会圆满结束。

在本次大会中，所有的参赛选手凭借着高超的实力与公平公正的竞技精神，为大家带来了一场视听盛宴。选手们身着汉服，吟诗斗令，给人以置身于千百年前的诗楼画舫之感。在日常学习之余，选手们竟有如此深厚的文学功底，不禁让人叹服。

药学院与中国药科大学举办“药来药往”活动

4 月 15 日上午，由我校药学院和中国药科大学举办的“药来药往”活动在我校江宁校区进行。此次，中国药科大学的 24 位同学受邀来我校进行交流。该活动由药学院学生创新创业中心主办，药学院的 18 位学生共同参与。

早上八点，中国药科大学(简称药科大)的同学们来到学校南门，受到了药学院同学的热烈欢迎。领队冯心成同学带着大家向校内走去，并向药科大的同学介绍起学校的景色和建筑。药科大的同学纷纷驻足，拍照留念。

在“五颗心”雕塑旁，领队介绍完“五颗心”的寓意和我校的校训后，众人向校史馆走去。在那里，校史馆的讲解员带领大家逐次参观，向大家介绍我校发展历程。无论是药科大的同学还是我校的同学，都在认真聆听，专心参观。

随后，大家来到了我校的标本室。标本室外的墙上，贴上了不少艺术作品，将人体和艺术完美结合，不少同学停步观赏。走进标本室内，大家安静下来，怀着尊敬的心情参观陈列的标本。从标本室出来，领队带领大家参观了医学伦理馆，看了捐献遗体的志友们留下的话，大家感触颇多。

之后，大家来到体育馆前的空地开展游戏活动，在两人三足、你比我猜、挤气球、转圈赛跑等趣味游戏中，大家加强交流与配合，增进了解，加深友谊。

此次活动是对上学期我校药学院同学前往中国药科大学进行参观活动的承接，也是“药来药往”系列活动中的重要一环，期待两校的同学可以在以后的学习、生活中有更进一步的交流！

杏林春暖成苍生仁术，菊井泉香为理论精诚

12月10日，一支由我校药学院42名学生组成的代表团参观了中国药科大学(简称药科大)。

抵达药科大后，大家先在药科大门口合影留念，然后前往模拟药房——临床药学实训中心参观。模拟药房的同学拿出几味中药给大家辨认，经过一番讨论与猜测，最终有几位同学正确说出所有的药物名称，赢取了小奖品——药科大80周年校庆特制香囊。据说是本校的同学也买不到的独一无二的礼物哦！

接着同学们在隔壁见到了先进的自动取药机，还有据说花掉了建设模拟药房80%经费的高度仿真假人，连心跳和脉搏都可以仿真。

在参观完最后的临床药学培训室后，同学们离开模拟药房，前往只有事先预约才能参观的江苏药学博物馆(中国药科大学药学博物馆)。

在一层的校史馆，同学们了解到中国药科大学也是与南京医科大学一样有着悠久历史的高等学府。

二层、三层的标本、药械与药典展柜，也让同学们大开眼界。讲解员对同学们提出的问题都一一予以回答，而讲解员给出的“难题”也被同学们集思广益，一一破解。不得不说我们不愧是药学院的宝宝，论起药名和药械都可以信手拈来。

结束了博物馆的参观后，就到了斗智斗勇的时间了。代表团与药科大接待团的同学们分为6队，在药科大的各个地点竞技得分拿奖品。在经历了夹弹珠、背药名、猜人名、记牌位、抢凳子、你画我猜的重重考验后，为期半天的参观交流活动便迎来了尾声。

在基础医学与临床药学院一层的会议室，同学们在一片欢声笑语中开始了本次交流活动的最后一项——交流总结座谈会。会上，药科大的同学们再次表达对我校代表团的欢迎，并对之前我校对药科大的参观邀请表示

感谢。双方代表随后对今日的活动进行了总结，共同期待进一步的合作与交流。

对药科大的参观活动，是南京医科大学与中国药科大学多方位深度合作的开始，也是 12 月 4 日双方签署战略合作协议后的第一次交流活动。

“医”“药”携手犹如双轮驱动，左右呼应，双翼齐飞，必将引领中国药科大学和南京医科大学昂首阔步迈向更加美好的新时代，在助推“强富美高”新江苏、推进健康中国战略、实现医药强国梦的历史进程中写就新的辉煌传奇。

社会服务

SHEHUI FUWU

导语

药学，是一本厚重的牛皮书，读到的不仅是乏味的文字，还有一颗纯净柔腻的心。生命中，总有些人，安静而来，静静守候，需要时献出一份爱心，又匆匆离去。爱心，是冬日里的一块炭火，在凛冽寒风中带来一丝温情；爱心，是夏日里的一方绿荫，在炎炎烈日下带来一阵清凉；爱心，是大雨后天边的一道彩虹，带走了不安与失落。

在“社会服务”这个版块，有药学院学生在医院的志愿体验之行，有无悔青春、为爱而行的旅程，更有助力抗疫一线的热忱之心……相信你在读过后，也会燃起对志愿服务的热情，守住一颗炽热的爱心。

爱在省人医，志愿体验行

4月24日和4月28日，2016级药学和临床药学专业共32名同学分别来到了江苏省人民医院(简称省人医)参加“仁医”志愿者活动。在经过了医院潘老师的初步培训后，同学们便被分配到内科、外科等六个科室，正式开始了一个上午的志愿工作。

拥挤的人群、嘈杂的大厅、闷热的空气及忙碌的医务工作者，这是早上8点钟省人医门诊楼的真实写照，也是同学们一“上岗”便要面对的工作环境。分诊、叫号、导医……每位同学在科室医生及护士的帮助下逐渐熟悉自己的工作内容。

贺同学在内科某科做维持秩序及叫号的工作。她坦言，看似简单的工作其实并不好做——她不仅要在庞大的人流压力下维持科室内外就诊队伍的秩序，帮助医生叫号使就诊有序进行，还要处理就诊队伍中频频出现的摩擦与混乱，面对就诊者提出的各种要求与问题。

工作时，不断出现插队、人群拥堵出口等现象，她不得不一遍又一遍地规劝引导，有时面对不解甚至愤怒的就诊者，她表示虽然自己也尴尬而委屈，但仍会尽最大努力做好自己的服务。

站了两个半小时，她说自己最大的感受就是累，但累得满足，因为自己的努力，狭小拥堵的诊室门口井然有序，数十位就诊者更是得到了快速便捷的就诊体验。一早上的工作接近尾声，一位从诊室走出的老大爷伸出颤颤巍巍的手对她说谢谢，她露出了一个上午中最灿烂的笑容。

蒋同学在一楼前台的人流聚集处做导医工作，工作结束后，他笑着和大家“倒苦水”。他做的服务是回答问题，虽然大多是为就诊者指路、引导，但时常也会遇到一些自己难以回答的问题——“医生，你看我这病到哪里治?”“医生你看我这是出啥问题了？要挂哪个科室?”当自己成功解决了询问者的疑惑，他会很兴奋，而当遇到自己无能为力的问题时，他会感到尴尬而无奈。

他说，整个上午，自己感触最深的就是看到与他一同做导医工作的医务工作者流利地回答病人的各种疑问时"乃知学不博而欲为医难矣"，医药一家，仅仅是导医的工作便需要扎实的医学功底，我们以后从事的各类医药行业要求更是这般。

王同学在分诊台协助护士做分诊工作，挂了号的病人都要到这里进行分诊。一个上午本楼层有数千人就诊，平均几秒钟便要分诊一位病人。分诊工作带给他最大的感受就是体验到交流技巧的重要性，因为人流量太大，病人常常是带着焦躁的心态在等待分诊，我们在提高工作效率，尽可能快速准确同时有秩序地做好分诊工作的同时，还需要保持微笑的表情和温和的语气，不断地劝导安抚人群。

一个上午，他切身体验到基层医务工作者的辛苦与巨大压力，更重要的是，通过半天内与数百人的交流他学会了如何与急躁的人沟通，也学会了如何在强大的工作压力和嘈杂的外部环境下调整心态，提高工作效率，减少失误。

博学之，审问之，慎思之，笃行之。这是对医学生一句极好的箴言，也是我们在一个上午的志愿工作中切身体会到的职业、社会和人民对于医学生的切实要求。

两个半小时的时光，忙碌又快速，却也是我们漫长求学路上的一盏路灯，为我们照亮现在与未来。

兜售春光
——阳光之下，人各有份

2019年4月13日，药学院创新创业中心勤工助学部门“兜售春光——阳光之下，人各有份”续梦小丹阳主题义卖活动在树人广场顺利开展。此次活动旨在呼吁在校师生以义卖的形式奉献爱心，帮助小丹阳的两位贫困儿童改善生活，支持小丹阳公益项目。参加此次活动的包括药学院创新创业中心的谢晓曦、陈家博主席，勤工助学中心的张梦蝶部长及部分成员。

义卖初体验
——往返于各楼层间的扫楼大军

早在四月初，勤工助学中心的成员们就开始着手准备义卖活动。那段时间，每栋楼下都多出一块征集义卖物品的小黑板，为义卖活动的到来预热。4月9号晚上九点，带着一张物主信息登记表，一个个巨大的纸箱，一沓小丹阳定制版明信片，成员们浩浩荡荡的扫楼行动开始了。“同学您好，我们是药学院勤工助学中心的，现在正筹备一场义卖活动，请问您有什么闲置的物品可以帮助我们吗？”伴随着一遍又一遍重复的话语，一件又一件温暖的物品收入箱中。两个小时后，爱心填满了空纸箱，扫楼活动结束，小丹阳杂货铺即将营业。

义卖进行曲
——琳琅满目、应有尽有的小丹阳杂货铺

4月13日早上九点钟，朱益民、赵玮杰等同学开始布置现场，沙鹏玉、周陈钰、朱玥、吴艳秋等同学开始将扫楼所得物品搬至树人广场，并分区摆放。文具书籍、精美饰品、公仔抱枕、美味零食、衣帽箱包、各类日化用品等琳琅满目，小丹阳杂货铺正式开张啦！物美价廉，品质保障。

音乐放起来，海报架起来，话筒拿起来：“走过路过千万不要错过，续梦小丹阳主题义卖活动开始啦！物美价廉，只要你想要，我们都有卖！”不一会儿，我们就吸引到了第一批顾客，挑物品，查价格，成交！顾客源源不断，接

近饭点，人也越来越多。

——“同学你好，随便挑挑随便看，咱们这是义卖，价格保证你满意！”

——“这个三元钱，请到那边扫码支付。”

——“你好，一共消费 40 元，谢谢你对我们的支持！”

——“哎哎哎，阿姨，那个不能再便宜啦，平常都卖十几块的，今天只收您三块钱哦！”

仅仅过了半个小时，部门财务吴艳秋就激动地告诉我们，已经卖了 400 多元了。

于是大家更加热火朝天地卖东西。文具区、玩偶区、日化区、绿植区等均由专人看管、出售，分工合作，有条不紊，热热闹闹。有人对小丹阳公益背后的故事感兴趣，成员们就对着海报和他们讲起了小丹阳的两位小朋友的故事。

义卖收尾

——分工合作，物尽其用

下午五点半义卖收摊，最终筹得 1823.5 元的善款。成员们将剩余的物品分类聚集，挑拣出可以用来送给小朋友和其家人的物品，剩下的物品由部分成员带回宿舍以备后续活动使用或者打包寄给其他贫困地区的人们。

此次义卖活动让大学生更加关注社会，担当起社会责任，使更多人参与到奉献爱心的队伍中来，使其拥有持久的精神和动力从事慈善活动，带动校内外公益精神。通过义卖筹款的活动形式，形成慈善氛围和校外社交网络，进而起到造势作用，为续梦小丹阳公益活动争取更多的支持。

杨柳青青，人间四月天里，我们将春光与爱心打包出售。

聚散有时，小丹阳杂货铺，我们明年不见不散！

服务社区，奉献爱心

在人口老龄化日益严重并引发一些健康问题的背景下，南京医科大学药学院青年志愿者协会(简称青协)于 2017 年 10 月 22 日上午在天景山小区举办了一次主题为“服务社区，奉献爱心”的活动，目的在于以医学生的专业优势，为社区居民尤其是其中的老人带来关爱和健康知识的普及，与此同时，也增进参与者以至更多有能力服务于公益事业的团体的公益爱心和社会责任感。

活动中，位于小区广场的是量血压组和知识问答组。

量血压组的成员认真细致地为社区居民量血压，并记录数据，以此来更好地推断出社区居民，尤其是老人的健康状况，为后续的志愿活动指明方向。

知识问答组与老人进行了积极互动，以有奖问答的形式增加了老人参与的积极性，并从中得到了人们对于健康知识了解的程度。

宣传组成员则穿行于整个小区，宣传活动的同时，也为老人们送上我校药学院青协收集、整理并印发的有关于高血压和养生知识的宣传单，希望能带给他们更健康的生活方式，更积极的生活态度。

举办活动的意义，绝对不仅仅是为完成活动任务，而是要让更多的人积极地加入志愿者这个光荣的行列中来。在活动期间，就有一位丁姓的初中男生帮助宣传组的成员发放传单，从他的言语中也可听出社区的人们对该项活动的支持与满意。

此次“服务社区，奉献爱心”活动完美结束，但志愿者们的热情不会熄灭，青协一直致力于社会服务，为社会贡献出自己的一份力量！

公益“药”一起行

12月2日，药学院学生会公益项目部和2015级临床药学3班共同组织的小学生防流感科普宣传活动在江东门小学拉开帷幕。

活动一开始，本次活动的负责人李晓旭同学先向小朋友介绍了来自南京医科大学药学院的大哥哥和大姐姐，他们这次是来给小朋友们介绍冬季预防流感的知识。

紧接着，梁颖同学从流感是什么、流感的传染源有什么、流感是通过什么方式传播的、发生了流感怎么办、我们该如何预防流感等方面向小朋友们做了详细解释，小朋友们听得非常认真，并积极参与互动问答。

随后李晓旭同学还教小朋友们朗读预防流感的顺口溜，帮助小朋友们掌握预防流感的知识。

最后，参与活动的每位同学和小朋友一起制作关于预防流感的手抄报，同时评选出优秀作品，颁发奖励。

本次活动圆满完成，大朋友和小朋友都从中获得了知识与欢乐。这次活动不仅让药学院的同学在活动中进一步巩固了自己的专业知识，更让小朋友们在科普中获得了生活的常识。

花开小丹阳，梦想留心间

2019 年 3 月 10 日，药学院勤工助学中心开展了本学期第一次“续梦小丹阳”活动，参加本次活动的有勤工助学中心的成员和院内报名的志愿者，共 11 人。

6 点 40 分，迎着清晨的阳光，一行人从南门出发，9 时许，成员们到达小丹阳。由于邹余龙小朋友家里没有人，所有成员都去往迟志轩小朋友家。未进门，爷爷已经满脸笑容地迎了上来，一些参加过多次活动的成员与爷爷聊天，了解他们家中近况。另一边，几个活泼的志愿者围在迟志轩小朋友身边，和他交流有关学习和生活中的趣事。

由于植树节将近，我们准备了花种与迟志轩小朋友一起种植。10 点多，成员们拿出由罗艺灵同学事先准备好的鲜花种子，带着迟志轩小朋友来外面的空地上种花。锄头翻开坚实的土壤，大家一起种下春的希望。迟志轩力小，在一旁负责撒花种。盖上土后，由迟志轩用脚踩实，看着自己的脚印，他用期待的眼神告诉我们，他会期盼花开的春天。种完花后，大家与迟志轩小朋友依依不舍地告别，并合影留念。

希望我们帮助的这些小朋友能够因我们的陪伴而感到温暖，更希望他们能如那些鲜花的种子一样，即使环境是那么不尽如人意，也依旧破土而出，茁壮成长。

绝世良药,爱与温暖

——2018 级药学 2 班团日活动

2019 年 10 月 21 日下午 1 点 30 分,2018 级药学 2 班全体同学来到南京市江宁特殊教育学校,为在校师生进行红十字急救知识培训。南京市江宁特殊教育学校近 80 名师生参与了本次培训。

这是一群智力稍有些欠缺的孩子,为了确保培训流程的正常进行和每位同学都可以上手指导,班上同学早早就开始做起了准备。在 10 月 17 日下午,全班同学在博学楼 A204 进行了三角巾和绷带包扎学习,并完整复习了一遍心肺复苏的流程。

当天下午,全班同学早早地到达学校,在学校的报告厅做好准备,等待小朋友们的到来。在老师的指引下,很快小朋友们依次进入报告厅,坐在位置上。主讲人杨舒婷同学简单介绍了“我们是谁”和活动目的后,报告厅内响起了小朋友们热烈的掌声,这无疑是对全体同学莫大的鼓励。

杨舒婷同学先进行了心肺复苏流程的讲解。为了让小朋友们能够更好地理解,杨舒婷同学不时地与小朋友们进行互动,活跃现场的气氛,并让几位同学帮助小朋友们用假人进行实际操作。接着简单介绍了海姆立克急救法的基本要点、操作流程、注意事项。

最后是三角巾和绷带包扎学习,虽然有很多小朋友做起来很吃力,但他们还是很认真地倾听和请教。同学们站在小朋友们旁边,时刻准备着解决他们遇到的问题。培训过后,药学 2 班的全体同学送上了他们给小朋友们精心准备的礼物,回馈给同学们的是每位小朋友脸上兴奋的笑容。

从一开始的抵触到悉心教导,从紧张到耐心交流,这次团日活动不仅是给南京市江宁特殊教育学校的孩子们带来了一场急救知识培训,更是给药学 2 班带来了历练和成长,每位同学都心有感触。

朱美霞说:“第一眼见到他们时,心中不由有些害怕,但随着教他们包扎,渐渐感受到他们的单纯可爱与努力向上,他们的沉默让我有些心疼,但

他们努力学习的姿态让人感到敬佩。”

凌俐说:“这里的孩子都很单纯,每个都甜甜地喊我们哥哥姐姐。他们并不认为自己是特殊的,实际上他们也并不特殊,只是需要多点耐心、更多的陪伴和温暖。”

谭东林说:“他们和普通小朋友一样,爱笑,爱玩,有时候调皮。我很开心能看到他们的笑容,想想自己,多久没有这样开怀大笑过了,多少还有点羡慕他们。”

希望这次培训能够真正教会这群小朋友们必要的急救知识,也愿在今后的日子里他们能够快乐幸福地成长。

那个大家都关心的小胖子，给亲们来信啦！

敬爱的领导、老师，亲爱的同学们：

大家好！

大家还记得我吗？我是药学院临床药学专业的谷帅，就是那个患了急性髓系白血病的小胖子。学校已开学，我也非常想念学校和同学们。离开了学校这么长时间，我也想将我的近况和大家做个汇报。

在 2018 年年初确诊病情之后，我在北京的医院做了几个月的治疗。最后，综合各方面情况，我在 2018 年 7 月份的时候，接受了骨髓移植手术，手术很顺利，很成功。移植结束后，我继续在北京进行术后观察和康复，同时，也在经历克服排异及一些炎症的考验，这个过程不怎么舒服，甚至还有点痛苦，但是，这是我康复前遇到的最后的困难，一旦克服这最后的挑战，我就可以回到我想念的校园了，一想到这些，我就信心满满！

我记得，患病之后，学院的领导和老师不断的联系与关心；我记得同学们手机发来的鼓励和祝福；我记得段书记写来的激发我勇气和信心的一封信；我记得“水滴筹”上许多素不相识的爱心人士的无私捐助；我记得同学们拍来的温馨视频（让我心都化了），这都给了我战胜病魔的巨大的勇气和力量。我想在此感谢所有关心、帮助过我的人！也请大家放心，我会安心疗养，希望尽快回到学校，我想再看看天元湖，再看看实验室！

病魔很可怕，但更可怕的是一个人独自面对它，还好有你们！

新的学期已经开启，希望同学们健康、快乐地学习，新学期取得更大的成绩！

祝老师们工作顺利，身体健康！

祝所有关心和帮助我的认识的、不认识的人平安幸福！

药学院 2016 级　谷帅
2018 年 9 月 14 日

青春无悔，为爱启程

佳铭和翰钰期待这一天很久了，他们的心早就飞到了游乐场里。这是刘姗姗姐姐答应过他们的，作为踊跃参加课外活动的奖励。

佳铭和翰钰是刘姗姗帮扶的乡镇儿童，在 2015 年的夏天，他们为彼此留下了难以割舍的回忆。佳铭 11 岁，是留守儿童，而翰钰只有 5 岁，是单亲孩子。长年累月的孤独与寂寞陪伴着他们的成长，这一年的夏天，却好像有了变化。

“佳铭，你来回答一下这个问题。”佳铭颤抖着起身，答案究竟是什么呢，他猜不到，该怎么办？会被惩罚吧？

“这段时间你俩学得挺认真，不用这么紧张，我又不会吃了你们。这样吧，下周一起去学校旁的小型游乐场放松一下。”两个孩子的眼里闪烁着光芒，游乐场是他们不敢奢求的地方，只是听同龄的孩子说，那里头充满欢声笑语，进去就像是到了天堂，小孩子都有伙伴一起玩耍，真的要去那里了吗？

课外活动的日子如期而至。他们像是两个好奇宝宝，肆无忌惮地在学校操场里奔跑。两个小家伙和刘姗姗带来的小伙伴们一起，先进行了一场接力赛。佳铭紧张极了，该不会跑得不快拖了后腿吧。翰钰倒是乐在其中，五岁的他还不太懂得竞争和压力。所有人都投入这个运动中，用尽全力向终点奔跑。佳铭逐渐忘记自己给自己的压力，那一刻，他只想用尽全力，恣意挥洒汗水。田径场永远是自信者的天地，一轮下来，佳铭已经忘记了原本的羞涩与紧张。跳绳不算是他的强项，不过无论是什么，一旦提到了竞争，就会增添无穷的乐趣，而尝到甜头的人，会沉浸其中，不知不觉获得自身能力的大幅提升。刘姗姗将一切看在眼里，原本没有过多的目的进行的课外活动，似乎取得了不错的效果。孩子们做得不错呢，就按照原本的计划带着他们去游乐场吧。

一群人在欢声笑语里走进了游乐场，像电视里那样，有蹦蹦床、旋转木马、海盗船等各种游乐设施，农村小孩很少看到这些，抛却一切顾虑的佳铭带着翰钰一起去探索那神秘的世界，这些游乐设施让他们疯狂迷醉。在回家的滨河路边，虫鸣聒噪的映衬下，蹦蹦跳跳的孩子突然停下步伐，说道："谢谢姐姐。"那一瞬间，刘姗姗眼眶湿润了，半天没反应过来，转眼两个小孩却已经手拉着手，去看别人钓鱼了。

望着他们幼小的背影，刘姗姗突然觉得自己的生活似乎有些繁杂了。2015 年的夏天，她和两个孩子重新找到了那份美好和微笑。爱是什么，付出是什么，无悔的青春又是什么……两个小家伙的出现让刘姗姗找到了答案，也为自己的青春找到了又一个充满希望和信念的寄托。

药学院慢性病咨询与服务团队深入苏北调研

2019年7月6日，我校药学院慢性病咨询与服务团队联合我校马克思主义学院、附属逸夫医院、南京正大天晴制药有限公司及连云港市妇幼保健院，奔赴连云港市高新区和东海县，通过义诊活动、科学调研、知识宣教等多种形式，感悟国情社情，践行知行合一，贡献扶贫力量。

在义诊现场，花果山社区街道妇联、残联何新荣主任向大家介绍了连云港地区"两癌"管理和慢性病防控的大致情况。连云港东海地区"两癌"防治形势严峻，对慢性病管理的需求格外紧迫，疾病的早发现、早诊断、早预防、早治疗早已成为慢性病防治的重中之重。

团队成员利用"好心大夫"APP，依托南京正大天晴制药有限公司的诊断设备，耐心检查，细心询问，实现了来诊者血压、心电图等指标的一体化检测。这项举措在常见慢性病检测、病情常态化管理上收效显著。

附属逸夫医院药学部专家更是为基层民众提供了慢性病诊疗服务和药学专业咨询。在义诊过程中，一位李姓老人引起了大家的注意，该患者有遗传史，属乳腺癌高危患者，连云港市妇幼保健院医务人员对其进行乳腺癌筛查后，给予了她到医院进行病理学检查的实用建议。身虽累，心虽疲，但团队成员们精神上的甘甜在一次次的服务中越积越多。

500余例的"两癌"筛查，1000余次的调查走访——这是由10个学生组成的"两癌"调研组交出的满意答卷。"两癌"调研组成员们按照之前的培训开始有条不紊地展开调查：自我介绍，问卷讲解……成员们的白衣身影，穿梭在苏北农村的大街小巷。

随着实践活动的逐渐展开，困难也相继到来：分发问卷时，不少中老年人表示难以理解；一些中老年人甚至直接拒绝成员们的调研；在夏日的酷暑中，成员们汗流浃背；活动中骤降的暴雨暂时打断了大家前进的脚步。大家在一次次的失败中总结经验，体会到了科学调研的艰辛与不易。团队成员表示，在接下来的社会实践中将会再接再厉，争取圆满完成此次社会实践。

深入基层，感受民情，团队成员在实践中肯定了自我价值，认识了自我不足，不断提升了自我。理论与实践结合，知识与技能并重，团队成员于志愿服务中贡献了自己的绵薄之力，彰显了青年学生的责任担当。

秋风知我意，吹梦入南医

秋风乍起，落叶归根，与落叶同时归来的，还有经久不息、绵延多年的情谊——2018 年 11 月 3 日，南京医科大学终于迎来了药学院一直帮助的小丹阳的两位小朋友。

两位小朋友分别名叫邹余龙和迟志轩，是南京市小丹阳的两名普通同学，也是药学院一直关心、帮助的两位小朋友。而今，与以往带同学去小朋友家中探望不同的是，我们邀请了他们及其家长到我们学校来做客，带他们见识大学校园的建筑、课程和校园氛围，希望能对他们的成长起到引导、帮助的作用，能够使他们在面对生活迷惘的时候找到努力的方向。

上午的活动是由药学院李孟玉同学和张琪琪同学共同主持的医药小课堂和原工会副主席王丽雅老师关于当代青年和少年如何滋养自己、成就自己的主题演讲。

医药小课堂中，来自勤工助学中心的李孟玉同学讲解了各种医学用药小常识，带着大家领略了医学世界的奇妙有趣，稍后的趣味竞答更是点燃全场热情，大家踊跃参加。两位小朋友刚开始略显羞涩，后来也积极参与。

随后王丽雅老师的演讲，更是让人受益匪浅。演讲紧扣当代青年大学生交流的热点，层层递进，引导教育小朋友和同学们要敢想敢做，积极参与班级活动，树立远大理想，催人奋进，在座的同学听后都纷纷表示，这次演讲点燃了他们努力学习、争当班干部的斗志。

下午的活动分为三个部分，第一个部分是由王旋、吴艳秋等同学和相关志愿者们带领小朋友及其家长游览校园，第二部分是实验室的参观和小实验的演示，第三部分是带领小朋友及其家长游览校史馆。与此同时，我们还邀请了我校慢性病咨询与服务团队对迟志轩的爷爷进行慢性病知识普及。

这次活动正值 2018 级临床药学 4 班的情满大凉山的主题团日活动，当公益遇上公益，碰撞出的是心心相印的火花。天公作美，格桑花盛放，花海

中回荡着欢声笑语。五心广场，天元湖畔，每一处美景都有着动人心魄的美。待到走进校史馆，大家被南医的威严神圣所震撼，两位小朋友在游览过程中也逐渐放松，开始与大家交流。

走到实验室，又是不一样的感触。在志愿者的协助下，朱玥和姚鸿婷同学以生动有趣的化学实验为此次活动增添了一笔明亮的色彩，让小朋友们体验了动手的乐趣，明白了实践的重要。

活动的最后，看着小朋友依依不舍的面容，大家临时决定带着两位小朋友到田径场玩耍嬉戏，在篮球场上打篮球，足球场上踢足球，内向的迟志轩小朋友表现出前所未有的开心和兴奋，志愿者都由衷为他感到快乐。秋风中回荡着的是最纯真的欢声笑语。

下午四点左右，大家依依不舍地来到五心广场前，本次活动宣告结束。此次活动中，大家学会了用爱与温暖去陪伴孩子，收获了付出爱与陪伴后的快乐，迟志轩和邹余龙小朋友也因此更加开朗活泼。

夕阳下，摄像机中定格的不仅是每个人的真诚笑脸，更多的是对下次活动的热切期待。两位小朋友也满载着喜悦向我们告别。

送温暖，递真情

——药学院青年志愿者协会走进秣陵街道敬老院

2016 年 10 月 15 日，在药学院青年志愿者协会的组织下，药学院 2015 级和 2016 级的 20 位同学走进秣陵街道敬老院，展开了新一轮的志愿服务。

志愿服务之前，2015 级学长学姐们对 2016 级的学弟学妹们进行了测量血压及宣讲内容的培训，让参加志愿服务的各位同学对活动内容有充分的了解，以便及时应对敬老院老人们的咨询与求助。

此次活动是 2016 级新成员第一次走进敬老院，刚来到敬老院时大家都有少许的紧张，但是和蔼热情的老人让我们的心情顿时舒缓下来，随后王源浩同学对高血压、糖尿病及老年人的保健与养生等相关知识进行了宣讲，简洁生动的语言让老人们的脸上露出了会心的微笑，最后的长寿诗为宣讲画上了完美的句号。

测量血压是本次活动的重点，志愿者们有序引导老人，2 人一组测量血压，细心地询问老人的年龄和病史，认真严谨地测量血压。

为了不让老人受凉，志愿者们还为老人及时披上衣服，搀扶着他们回到位子上。测量血压结束后，志愿者们有的陪老人聊天，有的收拾东西，还有的陪老人唱歌，气氛十分活跃，老人的脸上都挂上了幸福的笑容。活动虽然只有一上午，但每位同学都收获良多。

敬老院志愿服务是青年志愿者协会的特色活动。通过参与活动，让每一位有志于志愿服务的同学有机会为社会出力，尽一份公民责任和义务，丰富生活体验，加深对社会的认识。这样既有助于志愿者自身的成长和提高，又为同学们提供了学习的机会。在参与志愿活动过程中，除了可以帮助人以外，还可以学习新知识、增强自信心及学会与人相处。

相约方山，环保出行

4月10日上午，为了加强大学生环境保护的意识，积极发挥学生党员的带头作用，药学院青年志愿者协会（简称青协）协同组织部同学前往江宁方山地质公园宣扬环保理念，进行垃圾清理。

加强党的建设与环保重点工作应该两手抓、两促进，通过大力实施蓝天、碧水、乡村清洁三大工程，切实改善环境质量。方山景色秀丽，是江宁区一大生态区域和市民节假日游玩的景点，但随着游客数量的增多，其环境问题也日益严重。身为大学生，身为党员，应该以身作则，身体力行，不断宣传环保理念，鼓励更多的人加入环境保护的行列中来，为环境保护凝聚力量。所以青协和组织部同学选取了方山来进行此次的活动。

在爬山的过程中，党员和预备党员们沿途捡拾垃圾。各种垃圾中以烟头和竹签制品最为多见，丢弃后很难被发现，同学们都很细致地捡拾起来。到达山顶后，同学们将事先准备好的有关环保理念的横幅拉开，并呼吁游人前来签名，加入保护方山优美环境的队伍中来。

在环保行的活动中，同学们虽然很累，但体会到了劳动的快乐，又在宣传环保理念的同时，感受到了自己作为一名当代大学生和党员的责任。整个活动中党员和预备党员之间相互沟通，交流思想，提高了大家对自己责任的认识，锻炼了各方面的能力，也为以后开展工作积累了经验。

通过这次活动，大家都明白，关于环保，不只是垃圾问题；关于责任，不只是关注环保的问题。做好每一件小事，服务他人与社会，每一个大学生和党员都责无旁贷。

谐爱协会走进天景山小学开展安全宣讲

为了加强小学生对安全知识的了解，提高对自身的安全保护意识，10月28日下午，谐爱协会的几位成员步行来到了天景山小学，给小学二年级的小朋友们进行安全知识的宣讲。

第一组的姚凯杰同学先向大家讲述了历年来由于缺乏正确的交通应急知识而导致的悲剧，并和小朋友们进行了互动有奖问答，加深了他们对交通标志的认识。接着，几位同学又依次介绍了卫生安全、活动安全、火电安全等安全知识。

第二组由房海昱同学主讲，刚开始的自我介绍环节就带动了小朋友的积极性。她主要从交通、卫生、活动、火电、自身安全五个方面展开宣讲，每讲一个主题都会和小朋友们互动，尽力让所有人都参与到此次讨论中，然后由她总结要点。在讲解中也穿插着有奖问答，让小朋友对这些知识留下更加深刻的印象。

宣讲的最后强调了禁毒，向小朋友们科普了一些新型毒品，尤其是那些和小朋友们爱吃的零食类似的毒品。接着，给小朋友们播放了禁毒动画片，并由任欣睿同学做分析总结，让小朋友们懂得：珍爱生命，远离毒品。

此次的宣讲活动让小朋友们对安全知识有了更加深刻的认识。安全重于泰山，只有懂得安全知识，注重安全问题，积极地加以防范，才能及时发现和消除安全隐患，构建美丽和谐的校园。

谐爱协会用自己的行动温暖着他们走过的地方，不断用实际行动去普及环保和安全知识，方山上流下的汗水，课堂上宣讲的回音，永远会是他们青春记忆里一道亮丽的风景线。

续梦小丹阳，我们一直在路上

五点半的闹铃响起，揉开惺忪的睡眼，摸黑爬下了床，简单收拾了自己，背上书包，出了门。草丛中尚有雨露未歇，空中残月尚存，散着熹微的光。几个人在南门碰了面，点头致意，片刻不歇地踏上了地铁。

10 月 19 日，这是个既普通又意义非凡的周六，因为这是药学院勤工助学中心本学期第一次“续梦小丹阳”活动，此次参加活动的人除了部长朱益民和几名老成员外，还有新加入的两名 2019 级新生，这是他们第一次到小丹阳去看望小朋友。这次活动的主要目的是将上次义卖活动所筹得的善款送到两个家庭中，希望小朋友们的生活条件得到一些改善。去往小丹阳的路程遥远，要先后乘坐地铁和公交，历经两个多小时的颠簸路程，成员们都兴致勃勃，充满期望，一路欢声笑语。

由于两位小朋友家相隔一段距离，我们决定兵分两路，王旋、吴艳秋和于涛同学去往邹余龙（下文简称余龙）小朋友家中，朱益民、姚鸿婷、徐江娜、刘行同学去往迟志轩（下文简称志轩）小朋友家中。

余龙还是一如既往地活泼开朗，见到哥哥姐姐们过来一直藏不住笑意，和 2019 级的于涛同学迅速熟络起来，玩起了掰手腕的游戏。

得知余龙的妈妈在工作不在家，我们决定替余龙的阿姨将余龙送到镇上吃午饭，顺便将善款交给妈妈。去往镇里的路上路过体育器材厂，我们就在那里玩起了游戏，爬单杠，举杠铃……欢声笑语散在了秋风中，快乐却永远留在了我们心中。

志轩的爷爷看到了我们，执意要留我们吃午饭。我们考虑到“人多饭量大”，不想给老人增添负担，婉言拒绝了老人。寒暄了一会儿后，朱益民留下来与志轩爷爷交谈，将钱交到老人手里。

我们余下三人则上楼去找志轩玩耍，志轩依旧安静内敛，很少主动说话，但当听说我们可以陪他下围棋时，他表现出难得的欣喜。刘行与志轩切

磋了棋艺。下棋时，志轩沉稳大气，认真思索，仿佛一个运筹帷幄的军师。志轩虽小，但是他围棋、五子棋、象棋的水平已经很高，让在场的我们都自愧不如。

十一点左右，两队会合，在丹阳汽车站等待志轩妈妈的到来。志轩妈妈十分温柔，得知我们义卖为他们筹款时，眼中泛起点点泪光，激动得说不出话来。转眼间又要分别，每次活动都显得如此短暂，一句“再见，下次再来”承载了多少期望。

归途的车在小道上行驶，虽然已经是秋季，但一路上野花开得正艳，阳光温暖，微风和煦，一如我们明朗的心情，更如两个小朋友多姿多彩的未来。道一声再见，愿下次再见时我们都会变得更好。续梦小丹阳，我们一直在路上。

我院师生自制600个防疫香囊助力抗疫一线

我院生药实验室的墙上装裱了多幅中药植物标本，在展示柜里，一瓶瓶经过加工制作的中草药摆放整齐。由于新冠疫情影响，学生推迟返校，实验室里没有了学生的身影。然而，近几日，实验室里又热闹起来。在这次的新冠肺炎治疗中，中国传统中医疗法发挥了重要作用，显示了中药独特的优势和疗效。受此启发，我院师生携手我校附属逸夫医院药学部共同启动师生联合制作防疫香囊活动。

我院师生一直惦记着在湖北抗疫一线的我校援鄂医疗队，希望能送去更多问候。我校附属逸夫医院临床药师顾凯、李新瑞、王玲莉根据国医大师周仲瑛前辈提供的配方制订了配制方案并筹集了草药，学院师生多方发动，集齐近千个香囊袋的制作材料。

在生药实验室，3 位临床药师、药学院老师及学院的研究生、留学生分工合作，经过去杂、打粉、称量、混匀、装袋等工序，师生齐心合力制作了 600 个颜色鲜艳、美观大方、芳香宜人的中药防疫香囊。防疫香囊由我校附属逸夫医院药学部转送至湖北省抗疫一线及临床一线，配发给医护人员。

在最近一期的线上课堂中，陈立娜教授上传了学院师生制作防疫香囊的视频及香囊制作方法，讲解了中医药在瘟疫防治中的作用。据陈立娜教授介绍，自古以来，中药都在对抗各类瘟疫当中发挥着重要作用。

药学院制作的这批防疫香囊中包含了藿香、苍术、白芷、草果、菖蒲、艾叶、冰片七味药材，这些药材具有芳香避秽、开窍醒神、化浊解毒的功效，随身佩戴，可以提高人体免疫力，扶正祛邪，预防呼吸道感染，具有很好的防疫作用。

中医源远流长，形成了“大医精诚”的传统。药学院的院训是“精诚于人，精心于药”，作为药学院的师生，当汲取“精诚”之古训，精心做药，诚心待人。在线课堂上陈立娜教授和同学们进行互动，向同学们讲解了中医药文

化，强化同学们对中国传统文化的认识。同学们在线上展开了热烈讨论。

在陈立娜教授看来，这次活动是一次实践课，更是一堂思政课，实现了线上与线下、理论与实践、课内与课外的紧密结合，是课程思政的有益探索，在言传身教中培养学生的家国情怀和医德仁心，树立药学人的初心与使命，使得专业教育和思政教育同向同行，形成协同效应。

战“疫”当前，我“药”志愿

庚子鼠年，荆楚大疫。面对肆虐的疫情，全国各地的白衣战士紧急驰援湖北，于日夜坚守中诠释医者无畏。各位南医学子们，即使身在家中，也仍然牢记使命，心系疫情。不少药学院学子积极地投身到全民抗“疫”中去，身体力行。

2015 级临床药学 1 班的秦梦圆同学，在街道关卡做志愿者，检查出入人员身份。她说：“作为南医的学生，虽不能参与一线，但为能在街道为大家出一份力感到自豪。”在她坚守的关卡常常有街坊邻居无偿捐赠的各种物资，即使在寒冷的半夜，她也依旧感受到大家团结一心的温暖和共同“抗疫”的决心。

2015 级临床药学 3 班的丁梦雨、2018 级药学 1 班的宋俊晓及 2019 级临床药学 3 班的郑薛琪同学在家乡的防疫点，参加了志愿活动，为往来人员测量体温，协助居委会调查小区成员在疫情期间有无出入疫情较为严重的地区以及是否为外来人口。丁梦雨同学说道：“相信通过我们大家的共同努力，一定可以战胜新冠肺炎！”

2017 级药学 1 班的陈铭钰同学与父母响应号召，主动报名，作为医院的志愿者参与家乡的关卡执勤工作，对驶入车辆里的司机和随行人员进行体温检测。在一个个寒冷的夜晚，陈铭钰手里的额温枪常被冻得不能工作，她便一次又一次用自己的体温捂热。她说：“我突然感受到了一线战役人员的不容易，向他们致敬！”

2019 级临床药学 1 班的王徐文主动申请，参与了社区防疫志愿宣传小组，呼吁大家少外出，减少聚众交谈，戴口罩，勤洗手，保护自己。她认为能够帮助社区做一些志愿工作，是一件很有意义的事。

我院研究生也积极投身志愿服务，践行青年的责任与担当。2017 级柴煜莹同学在家乡做起了志愿者，在关卡给来往车辆上的人员测量体温。

2019级的徐筱雅同学则在家乡山东省金乡县中医院做志愿者,负责分诊工作。

我校党委王长青书记和沈洪兵校长在给全体学生的一封信中评论这场疫情:这是一次爱国主义的思政课;这是一次救死扶伤的专业课;这是一次勇于担当的实践课;这还是一次理想信念的检验课;我们应该坚信,没有一个冬天不可逾越,没有一个春天不会来临;无论中国怎样,请记得,你有光明,中国便不再黑暗。

药苑美文

YAOYUAN MEIWEN

导语

在专业学习和日常生活之外，当药学院师生拿起笔时，会谱写出另一番青春乐章。

在“药苑美文”这个版块里，有的文字是纯净饱满的钢琴音，黑键白键交织，娓娓道来；有的文字是温暖细腻的小提琴音，撩拨琴弦，似在耳畔亲切低语。不同的文字经纬织成一张网，网上挂着药学院师生们对青春的哲思、对生活的态度、对生命的理解。

当我们谈论青年时，我们在谈论什么

九十八年前的一场轰轰烈烈、席卷全国的学生爱国运动——“五四运动”给我们留下了丰厚的历史遗产、文化遗产和精神遗产，也给我们留下了一个节日——“青年节”。一群披坚执锐、意气凛冽的青年人登高而呼，向世人宣告：青年不是历史的看客，我们来了！青年力量的觉醒，给当时暮气沉沉的中国带来了新气象。

谈到青年时，我们总会想到青春、阳光、自信、热血、朝气、勇敢等词语。那么，青年仅仅是这样吗？当我们在谈论青年时，我们究竟在谈论什么？

何为青年？

2018年秋天，在校运动会的竞赛规程上看到“男子40岁以下为青年组，41岁以上为中年组”，我掐指一算，自己将最后一次属于青年组，觉得心有不甘。对于青年的年龄界定表述各异：世界卫生组织定义为44岁以下；联合国教科文组织定义为16—45周岁；中国共青团定义为14—28岁；青年联合会定义为18—40岁。你们，正在读大学的你们，毫无疑问是青年的中坚力量之一。

1919年，闻一多20岁，瞿秋白20岁，郑振铎21岁，周恩来21岁，傅斯年23岁，罗家伦22岁，邓中夏25岁……这是一群走在游行队伍最前面的青年人，他们都出生于同一个时代。在100年前，他们是不折不扣的90后。他们在中国梦碎之时，发出了最果敢的呼声！

年龄不是青年唯一的标签，也不是最重要的标签，青年之所以为青年，更在于其内在品质。

青年当有青年之担当。江山代有才人出，各领风骚数百年。赵翼的论诗之语，亦可理解为一个时代有一个时代的责任与担当。青年亦当顺应时代之潮流，阐发时代之先声，秉承时代之担当。如果说“五四”一代青年之重

任是救亡图存，那么当代青年之担当则是强国富民。习近平总书记曾说：广大青年要以国家富强、人民幸福为己任，胸怀理想，志存高远，积极投身中国特色社会主义伟大实践。担国家之重任，当社会之先锋，青年人责无旁贷！

青年当有青年之奋斗。青春是用来奋斗的，青年要敢于拼搏。奋斗青春当匹配有为青年，有为青年当创造无悔青春！打消贪图安逸的想法，抛弃得过且过的念头，闪光的青春之路总是洒满奋斗的汗水。在这个信息爆棚的时代，“一夜暴富”“一举成名”“秒变网红”的故事不断刺激着青年们焦躁的心。但请记住：来之速者，去之亦疾！脚踏实地的奋斗才是青年成长的主流。

青年当有青年之创造。富有创意、敢于创新、充满激情、不惧失败是青年常有的标签，也许以后，这些标签将不再是选配，而是成为标配，成为青年必具之能力。这是一个创新无处不在的时代，甚至有人调侃，创新像条狗，追得人上厕所的时间都没有。从“中国制造”到“中国智造”、“中国创造”，时代召唤的是民族的创新精神和创新能力。青年，你何以例外？

你到哪里去？

人生重要的不是所站的位置，而是所朝的方向。方向错误，即使不致南辕北辙，也会一波三折。青年当做到“三有”：眼中有目标，心中有信仰，脚下有力量。当我们问自己“到哪里去”时，我们也就触碰到了人生的核心问题。或许你有小目标，或许你有大梦想，那么，再见，别吝惜你矫健的步伐，快向着那方向前进。

也许有人说，谁的青春不迷茫，哪个青年没彷徨！是的。鲁迅先生说过，青年当中，“有醒着的，有睡着的，有昏着的，有躺着的，有玩着的，此外还多。但是，自然也有要前进的。”不同的选择决定不同的人生。慎思而明辨的青年们，相信你们会做出明确的选择。

“人生倏忽兮如白驹之过隙。”青春易逝，韶华难驻。青年当惜时而起，相时而动，顺时而为。否则，年与时驰，意与日去，遂成枯落，多不接世。悲守穷庐，将复何及！

青年，莫再等待，请以青年的名义，回应时代的呼唤；请以青年的力量，推动社会的进步；请以青年的精神，实现民族的梦想！

雨花台上，两代风华

戊戌二月，序属仲春，大地披青，万物呼晴。上个周六，天朗气清，惠风和畅。2017级临床药学1班全体同学共赴雨花台，仰观先烈之英勇、俯览革命之艰辛，追悼忠魂，侪辈共勉，足以抚今追昔、鉴往知来。

“六朝雨花凝天地神韵，一部青史铸千秋圣台。”雨花台烈士陵园里那座气势磅礴的烈士就义群雕，是如此撼人心魄。这座群雕有10米多高，9位烈士气宇轩昂，身份各异，有工人、农民、教师、学生、战士等。他们戴着手铐脚镣，眼睛里迸射出愤怒的火花，一个个大义凛然，仿佛在喊：“砍头不要紧，只要主义真。杀了我一个，还有后来人！”身处乱世的一代青年，铮铮铁骨绽花开，淋淋鲜血染红它。芳华凋落得灿烈悲壮，但他们笑着离开，为我们争得太平盛世。

今日身处锦绣盛世的一代青年，正在党的光辉下，在十九大精神的感召下，昂首阔步，继续前行。我们追思的，是当年奋不顾身投入战斗的先烈；我们铭记的，是“不忘初心，砥砺前行”的使命。这一代芳华，在落红化作的春泥里，灿烂地绽放！

2017级临床药学1班为表达对先烈的追悼之情，特献上诗朗诵《雨花台上的两代芳华》。

第一章 殷红的记忆——悼雨花台先烈

已是黑夜复黑夜
万千先驱斗士
犹然身陷黎明前的黑暗
保持着战斗的姿态
他们握紧鲜红的拳头
发誓来生要将这混沌乾坤
扭转

他们紧锁高耸的眉头
坚信曙光冲破乌云的日子
终会到来
他们凛然的目光
欲将这黑暗斩断
他们滚烫的胸膛
塞满悲壮的遗憾
只听
枪林弹雨如雷轰鸣
惊醒沉睡的金陵
继而
巨响发酵成静默的钟鼓
表针下垂 血液倒流
日月惨淡 寰宇震惊
二十余载 十万忠魂
抱憾雨花 饮恨江城
后来
民族从梦魇中醒来
头盔下被包裹的头颅
不再惊骇于时光的屠戮
不再麻痹
后来者沿着一条红色的道路
捐躯洒血 浩气干云
不计前嫌 共御外侮
尽扫狼烟 解放中华
今日的阳光抚照了历史的血迹
浴火重生的土地
已是绿荫如盖，葱葱郁郁
烈士的音容姿态
已被石头永恒的语言所镌刻
无穷的沉默
向我们讲述那峥嵘岁月里
腥风血雨的往事

唯静默 生言语
唯黑暗 成光明
唯死亡 得再生
芳华扬空 灿兮明兮

第二章 昂扬的姿态——召唤堪当大任的新青年

巍巍烈士塔
悠悠金陵城
皇皇少年志
雄雄青年心
乳虎啸谷,百兽震惶
鹰隼试翼,风尘翕张
我们是新世纪的青年
是祖国未来的栋梁
三亿青年的志向,十四亿人民的希望
秉独立之精神
持自由之思想
坚强 勇敢 积极 创新
是我们的态度
爱国 敬业 诚信 友善
是我们的信仰
党的旗帜,引领我们进步
党的精神,激励我们成长
纵风雨兼程 我们不改志向
纵起伏跌宕 我们歌声嘹亮
十九大更指引我们人生方向
八个明确 十四个坚持
不忘初心 牢记使命
回眸历史之红与黑
看清前路之南与北
仰望星空之余,脚踏实地
凝心聚力同时,砥砺前行
夫虎怒而啸,丛林莫不服矣
夫国强而宣,世界莫不从焉

青年之得志，中国之圆梦！

青年之奋进，中华之崛起！

青年同辈，勉乎哉！

游历结束，但追思无限。雨花台，石头城以血肉之躯铸就的翠色屏障，坐落在历史的风景线上，是我们必须仰视的风景。鲁迅先生的话又在耳畔想起：愿中国青年都摆脱冷气，只是向上走；能做事的做事，能发声的发声；有一分热，发一分光。

愿药学院的每一位同学，都能在党的十九大的光辉下，珍惜大好芳华，胸中有丘壑，立马振山河！

总有岁月可回首，且以深情共白头

收到约稿通知时，我正在回家的高铁上整理着手机相册，刚好看到这样一张照片。

拍摄日期是 6 月 13 日——正是天然药物化学期末考试的前一天，那时身体和神经都处于高度紧张的状态，而我们宿舍因为忘记充电费在晚上十点多停电了。停电时，我正在阳台晾衣服，来自宿舍内的光亮突然消失，而月光前所未有地明亮起来。

备考期间时间宝贵，但我很是认真地赏了一会儿月亮，觉得过去三年的药学院生活或许可以用这一晚的心情概括：也许不算轻松，但总有美好和感动不期而遇。

看了前面两位帅气学长的分享推送，我觉得他们讲得非常全面了，那我就着重对于大学中很重要的部分——学习，分享我的小经验。

学　习　篇

1. 药学专业值得你的喜欢

回想三年之前我收到录取通知书时那种茫然的心情，到现在还非常清晰。

“药学专业是什么？以后能做什么？”

三年的学习结束后，我对这两个问题已经有了自己的答案，对药学的态度也从不理解变成感兴趣，现在，想要将其作为自己未来的研究方向。

所以，希望各位学弟学妹不要抱着“一定要转专业”的想法学习，而是认真学好专业课。这样，不管以后你有没有成功转专业，你都有了选择的余地。

2. 学习仍很重要，但不是唯一重要的事情

评奖评优、读研究生、申请出国、找工作……主流的评价标准都是你的成绩，在学习方面，大家要尽力做到最好。

但在大学，学习并不是你唯一重要的事情。如果只埋头读书，丰富多彩的大学生活会与你无缘，美好的大一会被过成高四……

大学的课程安排相对于高中，实在是轻松太多了，只要你提高效率，完全是可以在学习之余参加各种活动的。所以，大家一定要抓住大一这个可以快速成长的时间段，多体验、多尝试哦！

3. 我的一些学习小窍门

a. 预习很重要。我觉得这是最重要的一点。哪怕只是十几分钟，你就可以对今天的内容有一个整体的把握，在课堂上就能跟老师有所互动，学习兴趣也会增加。

b. 注重课堂。大一的内容相对简单，有些内容课后自己去看确实可以理解，但如果养成了不听讲的习惯，后面主干课增多、难度加大，成绩肯定会下滑。所以，课堂上可以摆一个笔记本，一边听一边整理，这样不仅有利于注意力集中，还可以节省课后的复习时间，你下了课就可以去 happy 啦！反正上课总要坐在那里，不如将时间充分利用起来。

c. 有张有弛。Play hard，work hard！你没有必要将空闲的时间都用来学习，但可以给自己规定一个固定的学习时间（如晚自习），在这个时间内将手机放一边，完全投入学习。我就习惯于每晚 6 点到 9 点在图书馆自习，将手机扔进包里，效率真的很高！

d. 不懂的问题尽快解决。药学的主干课不算多，但几乎每一门都与后面要学的相关，所以在大一打好基础很重要（特别是有机化学和无机化学！）。每天复习的时候遇到不会的问题记下来，问清楚。好问会让你掌握得非常牢固，也会培养兴趣。

e. 找到适合自己的学习方式，并养成习惯。一天当中哪个时间段我的效率最高？我是适合熬夜还是早起？我没有强制手段隔离手机能行吗？这些问题，新同学们要尽快找到答案。这样在考试月的时候，你就能以一种很习惯的方式去学习，效率自然也就高啦！

f. 学会反思和规划。大家在高中一定有被班主任逼着写“考试总结”的经历吧？当时也许觉得很无聊，但其实这是一种提升自己的有效方式。也许是高中的习惯，大学期间每次考试结束后，我仍会拿出一张纸，列出自己的进步和缺点，并且对下一步的学习做一些规划。你们也可以试一试，这样会让自己对下一步的学习充满动力（不止学习，工作和活动都可以把反思写下来。不断反思自己的人会很强大。）。

生　活　篇

1. 学生工作值得一试

我在药学院学生会的工作经历有三年，从干事到部长，再到主席，工作是越来越忙碌，但收获也越来越多。相信有不少同学想要在大学锻炼自己的人际交往能力，其实，学生工作就是一个不错的平台。在与老师、同学的交流和合作中，你会慢慢学会“说话”，学会统筹兼顾，更能交到许多朋友，何乐而不为呢？

但是，千万不要贪多，学生工作 1 到 2 个即可。学生工作太多，不仅会让你过于忙碌，而且你无法专注，很有可能每一个都做不好。

2. 将心比心，投桃报李

对老师、对同学首先都抱着尊重的态度去相处，让身边的人感受到你的善意，久而久之，他们也会以尊重的态度对待你。

想想在药学院的三年，看着过去走过的路，感觉很幸福，想到以后要走的路也很心动。

亲爱的药学院学弟学妹们，我们对你们的欢迎和关心已经整装待发，就等你们来啦！愿你们的大学生活都能快乐而充实，当临近毕业时，能“总有岁月可回首，且以深情共白头”。

如水的日子里，做一个快乐的人

前几天翔翔和我约稿的时候，一时还没反应过来，我已经要大四了，时间过得真快啊，想到以前高中英语课要写信的时候，每个班上至少会出现十个以上的同学以“How times flies”开头，现在看这句被用烂的英语还真形象，时间会飞，昨天、今天、明天……不知不觉，三年就过去了。

说是要介绍自己的经历，但一时也不知道从何讲起，想了想，打开了手机相册，找找思绪灵感。

看到刚进大学时候的自己，留着厚重刘海，胡子拉碴，差点笑出声来，也难怪翔翔跟我约稿了，自己的变化确实很大。

学 海 无 涯

我的成绩不好不坏、不高不低、不上不下，所以对于这个话题其实发言权不大，但我可以将我看到的一些非常厉害的同学的学习生活讲给你们听，例如，我的舍友，人送外号“帅大佬”（因为名字里有个“帅”，平常我叫他帅帅），他的每日作息基本就是早上七点起床，吃早饭，开始学习，一直到晚上甚至凌晨，基本不打游戏，他能很好地控制和安排自己的娱乐时间，真正做到劳逸结合，而且他是以我们专业综合第一的成绩转到临床的，真的非常厉害。

说是这样说，其实每个人有每个人的学习模式，关键还是那个老生常谈的话题——自律。大学的学习少了高中老师那样的“鞭策式填鸭教育”，更多的还是要看自己的自律能力。三年下来，我能很明显地看到，一个自律的同学和一个放纵的同学之间的各个方面的鲜明差距。

“若有诗书藏于心，岁月从不败美人。”大学时光是我们拥有权力去编织梦想的最美时光，而学习就是我们最重要的工具。

学生工作的那些事

仁者见仁，智者见智。我对于学生工作的态度向来是积极的，我在很多场合说过，学生工作在我大学的成长过程中起了很大作用。刚进大学时，我去找老师签字，得先在走廊上徘徊半个小时，才敢敲门，非常胆小。开始学生工作后，才慢慢发生改变，从一开始羞于表达，到现在基本不怵任何大场合。现在回想起大一刚进校的样子，确实变化很大。

学生工作给了我许多使自己成长的机会，让我认识了很多亲切可爱的人，让我的生活更加精彩。

二十平米的根据地

我的一位军事理论课老师说过，宿舍是一个人在大学一切活动的根据地，这句话我举双手赞同。一个良好的宿舍氛围对自己身心发展的影响非常大，我很幸运，大学五年，能和一群善良美好的人一起度过。

“人之有德于我，不能忘也。”他们的好我都记得。因为我睡的是上铺，距离电灯开关又是最远的，每晚睡觉关灯后，帅帅经常会将他的小夜灯打开，方便最后上床的我。我还是一个“懒癌”晚期患者，上了床之后就不想下去，然后就会想方设法地让董董（我的另一个舍友，因负责一个营利性学生组织又加上姓董，所以人送外号“董董”）去楼下拿，他基本上都是边吐槽我，边起身下去帮我拿，回来后继续吐槽我。祥哥（我的最后一个舍友，因和一个歌手同名不同字，所以我叫他“祥祥”）是我的长期饭友，暑假为了去吃家常菜而在36℃的高温下“长途跋涉”的也只有我俩了……诸如此类，不胜枚举。

朋友之间相处，需要克服的是你的虚荣心，是你的炫耀欲，是你想要时刻出风头的小聪明，而最重要的是要善于发现对方对自己的好，尤其是许多容易被忽视的细微处，我们要能发现并给予回应，哪怕只是一个微笑，双方都能开心好久。

“红豆”

作为一只单身汪，这个话题我真的一点都不想提起。关于恋爱，我其实也没什么发言权，但看了看我身边恋爱谈得长久的同学，再结合我自己的婚恋观，总结一下，其实谈恋爱最重要的也就是那两个字——珍惜。珍惜能够恰巧遇见的缘分，珍惜能够互相喜欢的幸运，珍惜能够携手同行的勇气……

希望你们都能在大学时光里珍惜自己，遇见心中最美好的晴天。

生　活

大学和高中最不一样的地方可能就是在这里了，大学生活中会有许许多多的活动供你选择，只要你有一颗想发光发热的心，就总能找到你想要的舞台展示你自己。

每个人对于生活的方式有不同的选择，而我选择了走出舒适圈去外面看看，三年下来，我参加了很多活动，做了很多活动的志愿者，认识了很多的人，眼睛里的光芒越来越自信，脚下能看到的路也越来越长。如果你想要使自己更好地成长，那么最好试着打开自己，去感受四面八方吹来的风，去拥抱属于自己的大学生活。

遇见你们，风也温柔

对于如何与班级同学相处，我的经验是别只做“自己”！我见到过一些个人利己主义极为严重的同学，他们的思想普遍都是“我有事，找班干；班里有事，与我无关。”幸运的是，我们班里的同学还是很愿意为班级服务的（骄傲脸）。前面有过一篇推文，感兴趣的同学可以去翻一下（药苑嘉人|遇见你们，风也温柔——记“江苏省先进班集体”2016 级临床药学 3 班）。能给大家给出的建议就是，不要总想着“对我有什么好处”，而是尽量去想想“班级好我会更好”，优秀的人总是在优秀的集体中变得更加优秀！

相聚是缘，珍惜遇见，希望在毕业照上，我们每一个人都能拥有最灿烂的笑颜。

做一个快乐的人

我知道很多人进药学院后想的第一件事就是转专业，其实我很能理解，我当初也是这么想的，“来医科大学不就是想学医吗”“我要是想学药，以我校的录取分数我为什么不报中国药科大学，我一定要转出去”……但后来，慢慢地，我发现其实要经历体会一番了之后才会发现什么专业才是真正地适合你，有些同学发现自己做动物实验时会手抖，有些会发现自己根本无法克服对于皮开肉绽的恐惧……所以，既来之，则安之，一定要慎重考虑之后再做出适合自己的选择。时间长了就知道，药学院的生活真的是非常美好的！

结　束　语

不记得是从哪里看到的一段话了，"很多人都说成长残酷，恰恰相反，我觉得成长是这世界上最美妙的一件事——永远有希望，永远不怕输，那么多的绚烂风景，只有长大才能摸得到。"

乘着东风，不断前行。

不念过往，不惧将来。

追星女孩，一路温暖

追星就是在美好的年华里遇到一个人，他的外貌、才华或者品质吸引了你，让你一提到他便有了嘴角最美的弧度。

从成为他的粉丝那天起，可能就要学会接受各方的不理解。家长叨念着说："一天到晚就知道看这些明星，什么时候学习有这心思就好了。"朋友不以为然地说："有这钱去追星，还不如省点钱给自己买衣服和零食。"但在追星女孩的眼里，偶像身上的闪光点，已经盖过了这些消极负面的话语。

她们会因为追星，去拓展自己各方面的能力，做好应援；她们会因为偶像的一笑，而化解一切的悲伤；她们会因为追星，生活更加五彩纷呈；她们会因为要追上爱豆的脚步，而去学习他身上好的品质，从他的经历里琢磨出道理而努力前行。

追星不是在浪费时间，只是女孩们在小心翼翼地守护着内心的一小片温暖，同时在这个过程中不断发掘自己的闪光点。

何老师曾说过一句话：我们的关系，本来就是你是主项，我是加分项，希望你因为喜欢我，你的人生有些增色，这已经足够，而不是把喜欢我当作你的人生。喜欢一个偶像，而让自己变得优秀，这才是追星最本真的意义，也是每个追星女孩心里默默暗藏的心愿。

很多人不理解这样的行为，如果换一个角度思考，喜欢一个偶像，就如男孩们对于篮球和足球的痴狂，就如一些人对于漫画人物的热爱，就如一些人对一本书的如痴如醉，你或许就会恍然大悟追星女孩们这份执着的热爱。追星女孩们只是在单纯的岁月里，认认真真地做着自己想做的事儿，守护着自己爱的人。

但也有着一部分不理智的人，将追星当作事业，而失去自我。她们没有理解喜欢一个人的内涵和追星的意义，只是在倾尽所能浪费自己的时间。岁月静好，希望每个追星女孩带着对偶像的那份喜欢而努力前行，能够看到

因为喜欢他而更优秀的自己。

追星女孩，一路温暖；
点点笑容，暖润心田。

师　长　说

我们克服坎坷，披荆斩棘，一路走着，奔跑着，是因为心中有一束光，照亮我们前行的光。这束光可能是我们的父母，可能是身边的师友，可能是荧幕上的明星，也可能是在自己平凡岗位上做出不平凡成就的医生、教师、科学家等。与其说追星女孩追的是星，不如说她们追的是自己的梦想，追的是想成为更好自我的决心。

让我们脚踏实地，勇敢追梦，或许明天仰望星空时发现自己已成为夜空中最亮的那颗星。

墙里佳人墙外笑

读书人当有自由之思想,独立之精神。依笔者愚见,不单读书人应有之,女子亦然。

“自由”与“独立”就像一对连体婴儿,谈及其一必言其二。自由与独立不只是肉体上的,要紧的是灵魂上的自由。纵身缚万斤铁锁,只要灵魂不被桎梏,亦能“在泥潭里摆尾。”

在古代,束缚女子思想自由的主要是纲常礼教。

孟光举案齐眉侍梁鸿被传为佳话,三从四德被视为经典,女孩子从小就被灌输“女子无才便是德”的思想。

在那个父系社会中,男人便是天,是女人的一切。她们作为男人膝下的“宠物”,彼此为争宠而头破血流,根本没有时间放飞思想。入鲍鱼之肆久而不闻其臭,在染缸里泡久了,自己也懒得出来了。

最受荼毒的,莫过于飞燕合德般的女子。为了所谓的“天子”,为了那个所谓“无上高贵”的后位,她们不择手段。万丈宫墙外是受皇帝剥削的百姓,高墙里是受赵氏二人算计的皇帝。可见女人没了自由之思想该是多么可怕。

她们纵使表面风光无限,也不过是历史戏台上的伶人,演尽封建社会的把戏,木偶一般被台后的人掌控。再绚烂的烟火也会有烟消火灭时。幕谢了,人们记住的,还是戏台上的故事,台下她是如何,没人计较。

这便是最可悲的,墙外芳草萋萋,佳人却在倚门卖笑。

当别人都在阴沟里时,仍有人仰望星空。

她们是万古长夜里的微光,光线虽弱,一旦汇集,便绽出万槲光华。因为她们的出现,人们开始明白,原来女人不仅是男人的附属品,原来女人也可以做一根有思想的芦苇。她们是世人眼中的白痴,却是自己心中的自由者。

哪有什么父母之命，媒妁之言？木石前盟用最原始、最本真的情节告诉你什么是自由恋爱。

哪有什么闺中女子足不出户？薛宝琴通过转述真真国一位金发美人的五言诗告诉你——一旦见识开阔，思想就得到了释放，就增添了灵性，自然就胜过了旁人。

借用宝二爷的话“女人是水做的”，没了自由之思想，脑子长时间不动，就会发臭生蛆。只有活水涌流，才能芳颜永驻。

只要有自由之思想，即使被四四方方的墙围住，墙里的佳人也能朗声于墙外。

开学前夕，来自大四学长的八个建议

大家好！又到了一年开学季，多少学弟学妹满怀憧憬和懵懂的心情进入南京医科大学药学院。

时间一晃，我都已经变成了即将大四的学长了。首先，自我介绍一下。我叫李敏赫(艺名)，来自 2016 级临床药学 3 班。

你肯定会认为，

能在这里分享经验的一定是学霸吧？

No!

那一定是大佬吧？

No !

那你一定有什么特殊的不平凡的经历吧！

No!

我其实是很平凡的一名学生。所以，如果大家有什么心里话或者新的感受都可以投稿《药苑风华》，来和学院的所有小伙伴一起分享。

当我看到新生们各种有趣的问题时，也不禁想到三年前的自己。

当年自己收到南京医科大学药学院的录取通知书时，无比激动与期待。憧憬着大学的自由生活，期待着新的城市和学校，想象着理想的宿舍条件，可以结交到五湖四海的朋友。

有人说，在大学有 3 件事一定要做。一，当一次学生干部；二，谈一次恋爱；三，至少拿一次奖学金。对此我十分赞同！

通过 3 年的学习生活，我总结了几点建议，以供大家参考。

一、学习依旧是你大学中 No. 1

刚刚脱离了高中的你，刚来到大学，忽然没有任何约束，所有的时间都可以由你自由支配，会感到十分的不适。很容易就会放松自己，很可能第一学期期末就会“荣幸”地登上补考名单。

在大学期间,学习好会有很多福利和机遇。例如,争取奖学金、获得荣誉称号,再如对以后的留学、保研、找工作等,都是有帮助的。可惜的是,我就没有拿过奖学金,更不要说特等奖学金了,简直是我人生的一种遗憾。

二、药学没有你想的那么糟糕

我听到好多同学刚开始都说自己是被调剂过来的,不喜欢这个专业。都在忙着咨询转专业的事情。如果有机会可以转到你喜欢的专业当然是好事。但其实你慢慢学习药学的话,会发现药学其实也挺好的,并没有你想象得那么差。它可能不会让你一见钟情,但接触久了便会日久生情。现在我一点也不后悔是一名药学院的学生,反而我很感激这个学院,感激各位老师让我变成更优秀的自己。

三、多读书,多出去看看外面的世界

你还能记起你上一次认真看书是在什么时候吗?估计是很早以前了吧!在大学的空闲时间多看看书,提高自己的文学修养,培养阅读兴趣,这也是一种高雅的享受。游戏固然重要,这是朋友间增进感情最容易的方式,但一定不要沉迷其中。

假期的时候,可以跟自己的好伙伴一起去周边的景点或城市转转,看看外面的世界,尝尝当地的特色美食,打卡各种网红门店,不仅可以增长自己的见识,还能提高自己的品位与气质。

四、一定要和室友处好关系

大学室友来自全国各地,因为缘分聚集在一间屋内共同学习生活。每个人的性格脾气都不一样,而且时间越长,大家暴露出来的自身缺点也会越来越多。此时就需要大家相互包容,相互理解,有什么事情当面沟通,不要把问题蓄积到最后一刻。时刻保持真诚,保持尊重,保持礼貌,创造一个和谐的宿舍氛围。

五、一定要学好英语!!

其实我不说,你也知道。但是到我这个阶段的时候才会彻底明白,英语是真的很重要(绝望 ing)。最重要的我认为是口语,可以录下自己的英语录音,戴上耳机播放一遍,就知道是有多么的恐怖!所以一定要好好学习英语,四六级争取早日通过,祝大家都可以考出好成绩。

六、培养自己的兴趣

大学生活中并不都是学习,还可以去做自己喜欢的事情。在这里,有许多的社团可供你参考,可以提供一个平台,让你更好地培养自己的兴趣,还可以寻找到情投意合的朋友,提升自己的气质。你的所有想法都可能在大学校园里实现。

七、慎重选择学生组织

进入大学校园，你会发现各种学生组织、社团都开始疯狂地招新。初来乍到，难免会被各种组织所吸引，同时我也非常赞同大学期间参加学生组织对自己的成长是非常重要的。但我要提醒的是不要盲目跟从报名，从中根据自己的喜好报名1～2个学生组织，也可以去报名1个社团。这样会使你的大学生活充实丰富起来，不仅可以提高自己的能力，还可以交到志同道合的朋友。

一定要注意不要同时报名参加3个及以上的学生组织，这样会让你的工作变得繁忙甚至影响到自己的学习生活。

八、制订一个目标

一个没有规划的人生就像一场没有景点的旅行一样索然无味。对于新生而言，需要考虑的事情有很多：是否考研？以后要做什么工作？从事什么职业？为了达到目标需要学习什么？需要克服什么？拒绝什么？然后根据自身实际情况，制订行动计划，选择恰当的方式和途径，并付诸行动。要做一个有目标、充满自信且不畏困难的新时代大学生。

韶华易逝，不要觉得大学这几年很长，大学这几年一晃就过去了；同时大学也是一个很大的舞台，你只要有热情，就可以尽情施展自己的才华。

祝学弟学妹们在药学院这个大家庭里找到自己的价值！

深夜南医人

寒假已然来临，你窝在家里的床上时，是否会想起在学校的“夜生活”？

随着最后一节晚自习的铃声响起，南医人也陆续结伴离开了自习教室，去打开属于他们独特的“夜生活”。

你听，五心广场传来阵阵激荡的音乐；你看，“轮回”的舞蹈，炫酷的动作，或旋转或跳跃。滑板社也不甘落后，一排排小可爱们滑着滑板穿梭在校园之内，为整个南医添加了满满的活力。

舒缓的音乐使整个人都放松了下来，在跑步机上奔跑，再洗个热水澡，那真是人生一大乐事了。没有尝试过这种经历的你，不妨自己去试一试，这也是舒缓压力，放松心情的好方法。

当然，夜晚的南医操场也别有一番风景。星空璀璨，点点灯光洒落，夜跑大队的阵容甚是庞大。有两人结伴，互相鼓励前行的；有一人独行，戴着耳机沉浸在自己的跑步世界里的；还有为了800米、1000米考核辛苦训练的。一圈又一圈，气喘吁吁却仍在坚持，面红耳赤却仍旧忘我奔跑。南医夜跑大队期待你们的加入。

至此，插播一条广告，现在是北京时间20:30，南医的大食堂特推出欢乐游戏。“天黑请闭眼，狼人请睁眼。”嗯？一餐厅有一桌同学在玩狼人杀！一桌同学在斗地主。刚才睁眼杀人的那只狼说：“法官，我真的是平民。”

还有各种大大小小的例会，桌子三三两两地拉在一起，会议热火朝天召开。还有些同学在美滋滋地品尝他们的美味夜宵。

随时随地的狗粮也是喂饱了我们这群单身人士，都是“恰同学少年，风华正茂”的年纪，谈个恋爱，牵个小手什么的在南医可以说是非常普遍了。等到夜幕降临，小树林里，是亲密交心的情侣；宿舍楼下，是甜蜜道别的情侣；就连图书馆里，也有一起奋斗的情侣……想必有不少同学都脱单了吧。想想还是蛮羡慕的，不知道现在是不是在煲电话粥啊，羡慕嫉妒恨地说一

句:“小心话费单!”

宿舍里也有还在认真学习的同学,打开属于他们的小台灯,暖暖的灯光下小华内心也莫名地被感动着。

宿舍中弥漫着慵懒的气息,躺在自己精心布置的小床上,拉上精美的床帘,来个“颓废”的葛优躺,再敷个美美的面膜,顺便吃个脆脆的苹果,来碗香香的泡面?人生简直不要太惬意!

作为最受大学生欢迎的图书馆,无论何时都保持着灯火通明。安静的环境,像迷宫一样的阅览室,无不给人一种岁月静好的感觉,一天的动荡似乎都沉淀下来了,只有这书香淡淡迷人心扉。各处的自习教室也还有零零散散认真学习的同学。

深夜的南医丰富多彩,你是否更爱你所在的大学了呢?在暖暖的被窝里回忆着满满的收获也是充实而美好的!

陪着父母跑跑步、打打牌,陪着他们守在电视机旁,甚至只是静静地陪着他们也会感觉很幸福哦。

不管怎样,南医等你回来,么么哒!

难忘的军训

军训锻炼了我的意志。军姿展现的是我南医人的风采、潜心学医的坚定之心和硬骨之气。虽然军训只是我生命中的几天，但逐渐长大成熟的我渴望保有持久的军训体验。军训磨炼了我的意志，将我们的部分耐力推到了极限，使我的精神随之焕然一新。它将会延伸到我人生的每个春夏与秋冬。军装最美丽，军歌最嘹亮，军人最自豪！军训的日子将珍藏在我的心中，随时为我补充养分，直达每一个细胞，与我身体融为一体。军训，永远的最美好的回忆！

——临床药学 1 班　李新睿

原来军训那么短暂，似乎一切都只是转眼。陪伴了我们十五天的教官，将被我深深地刻在记忆里，他教导我们站军姿、走齐步、走正步、唱《军中绿花》、打帅气的擒敌拳……他会帮男生系腰带，会担心女生承受不了烈日下的暴晒……这是一段无悔的岁月，这是一段激情昂扬的青春。

——药学 2 班　王淑祯

迎着朝阳，鲜艳的国旗冉冉升起，对我们 2016 级新生而言，这是一次意义非凡的升旗仪式。我们以一个军人的姿态向国旗庄严地敬礼，此时此刻，心中有一腔热血在沸腾，责任感、使命感、集体荣誉感充满我的心间！在军训的日子里，我们能够感受到自己的成长，脚下的步伐由纷乱到铿锵，身姿由萎靡到挺拔，内心由怯懦到坚毅……短短几日，却见证了我们一点点走向成熟，这其中的酸甜苦辣，值得我们永远回味。

——药学 2 班　姚瑶

挺国家脊梁，扬大国正气，是教官们给我留下的第一印象。面容严正，行姿凛然，是教官们在陪伴我们军训期间的大气表现。温情脉脉，笑语连珠，是休息时教官们如邻家大哥柔情的姿态。一声“立正”，教会了我们做人应当保持的挺拔，一声“看齐”，教会了我们服从集体的无私精神。

——药学 1 班　马庆犀

解教官，你是我遇到过的最好的教官，谢谢你能原谅我的懒惰与不用心。虽然以后没有机会准时到点集合军训，但在学习生活中，我会学会准时。军训生活很短暂，是你让我们过得很开心，很有意义，让我们知道了军训不只是苦，更多的是温情与包容。真的谢谢你。如果明年你还来军训，我一定来看你！

——药学 1 班　邹金峻

军训十五天终于迎来了收官之战。我们曾席地而坐，我们曾振臂拉歌，我们曾脱红装、正戎装，我们曾舞彩旗、打武拳，我们曾叠军被、练刺刀……也许这一生我们只有这短短十五天的缘分。今天正好是我们亲爱的帅气的教官二十周岁的生日。祝我们的教官生日快乐，愿他一生平安喜乐。

——临床药学 3 班　王鑫宇

亲爱的柴教官：

您好！首先，还是要在心底道一句："您辛苦了，谢谢您这些天的陪伴。"时光如箭，岁月如梭，转眼间，军训就要结束。这么多天里，您一直陪在我们身边和我们一起吃苦，一起欢笑。因为有了您的严格要求，才有了我们今天严谨的纪律；也因为有了您高标准、严要求的训练，才有了我们整齐的队列步伐；更是因为有了您的付出，我们的军训生活更加绚丽多姿，刻骨铭心！说实话，第一次见到您，只觉得您是个比我们大不了几岁的大男孩而已，您看起来和蔼、易亲近，又略带几分羞涩。您是爱笑的，也是认真的，您会不厌其烦地一遍遍教导我们，也会在我们疲倦时让我们休息。年轻的我们燃烧青春，照彻了天空的云彩，明亮了绿色的校园；成长的我们，放飞着彩色的梦，绚烂着我们平凡的人生，从容地剪断人生路上的荆棘；坚强的我们有海燕般高傲的脊梁，冲向汹涌的海洋，搏击长空；青春的我们有着森林般的挺拔，勇敢面对闪电，没有了彷徨和犹豫，自信地走出自己的路！您的一举一动，都在提醒着我们，梦想要用坚韧的信条、刚强的意志、吃苦的精神去灌溉。我们从您身上看到的是严谨、朴实、刚毅、自信……军训生活即将要画上一个句号，但脑海中始终浮现着训练时辛苦的您。柴教官，辛苦了。我们会珍惜这短暂的军训生活，您的认真、质朴将是我们人生中珍贵的一课！

——学生代表、临床药学 4 班　许浩杰

读书报告|《我在雨中等你》

今天我想分享的并不是多么深奥的内容,而是一个关于救赎与陪伴、爱与温暖的故事。

在现代生活中,出于各种原因,越来越多的家庭愿意养一个宠物,而这之中爱狗人士占据了很大一部分。狗狗们的温顺、可爱或调皮,总能给一个家庭带来欢乐。

那,大家认识一只叫作恩佐的狗吗?恩佐可不是一条普通的狗,恩佐他有自己的思想,虽然他不能言语,但是用他自己的话来说,他一直觉得自己是个人,只是被塞进了狗的身体里。

如果你很好奇恩佐眼中的世界、人性是什么样的,那就让我们一起走进《我在雨中等你》这本书,去领略恩佐的世界。

诚然,凡是有关动物与人类题材的书籍或影视片,都会充满泪点。《我在雨中等你》也不例外。很多读者反映,这是一本看哭无数人的书。这本书的封面就对读者发问:"你,读到哪一段会哽咽?"我的答案是用三个小时读这本书,一个小时的时间里我的眼泪控制不住地不断喷涌而出,鼻子塞涨得无法呼吸。

那这本书让人落泪的魅力在哪儿呢?我觉得其实在于"陪伴"二字,不是在安稳岁月里的相伴,而是在最苦最难的日子里,恩佐对主人不离不弃的陪伴。

丹尼这一生,有自己热爱的事业,也遇见了爱情,生儿育女,有了美满的家庭。可是啊,有什么是能够长久存在的呢?相爱的妻子不幸患了癌症,永远地离开了他;岳父岳母在女儿离世后翻脸不认人,想要夺回孙女的抚养权,恩佐差一点连女儿也要失去了……人就是在不断地聚散之间走完这一生的,在这段黑暗痛苦的时光里,丹尼失去了很多,可是,丹尼从来没有失去过恩佐。

当主人贫困交加、不堪重负，想在文件上签字，承认莫须有的罪名时，是恩佐竭尽所能地阻止他，它在文件上撒尿；在每一个痛苦孤独的黑夜里，是恩佐趴在主人的身边，寸步不离，默默地陪着他；是恩佐替主人去保护、逗乐小主人……这些都是恩佐以一只狗的身份为主人所做的，它竭尽所能。

“能够把信任交予另一个与自己不同的物种，需要内在的极大温柔及善念、坚持。这本书让我看到一个在绝境里的人，因为信任而获得重生的故事。”我觉得这句话说得很好，《我在雨中等你》是关于人生的故事，每个人都会经历生老病死，但这并不是结束。所有的联系是因为爱。在亲人间，在朋友间，甚至在万物之间，很多时候爱已经跨越了物种，温柔地存在于每个平凡的生活片段。

最后，我想说的是：就像书中所写的“没人知道生活中会遇到怎样的挫折，但如果司机有勇气创造条件，那么下雨的时候就只是简单的下雨。”愿每个人都能在下雨的时候，身边有“恩佐”相伴。

读书报告|《查令十字街 84 号》

“你们若恰好途经查令十字街 84 号，请代我献上一吻，我亏欠她良多……”

何为《查令十字街 84 号》？

它是一本出版于 1970 年的书信体小说，书中内容均为真实通信记录。

它也是一家位于英国伦敦的，散发着木头和纸香的旧书店。

它还是一份自 1949 年始，终于 1969 年的跨越 20 年的书缘。

它更是一个无数爱书人心中的圣地。

但说到底，它不过是出现在一封又一封信的封面或落款里的一行行文字而已。

书　　缘

故事是怎么开始的呢？

作者海莲·汉芙是个穷困潦倒的美国女作家，但嗜书如命。因为不堪忍受纽约昂贵、庸俗的新版本书，她就按照报纸广告推荐，写信到大洋彼岸的马克斯与科恩书店，希望购买绝版旧书。她很快获得了回信，得到了想要的书，回信人还很细心地随信附上了找零和英、美两版发票。

一段奇妙的书缘便拉开帷幕。

读这本书的我和写信双方一样，互不相识，却企图在信的字里行间去认识和了解对方。

无需多余的形容词去描述他们，大家看他们说的话便知晓了。

因牙病没法去伦敦的这个从未进入的书店时，海莲会这样打趣：“看来伊丽莎白只好在我没来的情况下登基了，而我今后几年里也只能留在纽约，看着我的牙齿加冕了。不过书还是要买的！连牙齿都离我而去了，总该给自己留点儿什么呀！”

然而我们的弗兰克却总是一副英国老绅士的做派。

信的开头也永远都是“敬爱的汉芙小姐”，直到通信四年后才在海莲玩笑似的逼迫下改成了“亲爱的海莲”。

海莲爱书，弗兰克是个严肃古板但很专业的书商，她要的各类离奇古怪的绝版旧书他都能找到，而且细心地为她留意不同的版本。于是信任和欣赏很快建立。渐渐地，他们发现虽然身处不同的国家，不同的文化背景，然而彼此对旧书的热爱是同样深沉。

我们在读这本书的时候，值得留意的是其时代背景。

二十世纪五十年代，欧洲还未从二战的创伤中恢复过来，正进行着大规模的战后重建，各类物资极其短缺，海莲会定期给弗兰克他们送去罐头和鸡蛋。连温饱都是问题的时代，会有多少人去读书，去爱书？

时间进入六十年代，二战的风雨已经退去，可这时的欧美却发生着翻天覆地的变化。新浪潮、五月风暴及朋克思想和嬉皮士运动铺天盖地。当时的年轻人不读书，他们认为书是古板的，是无趣的，是落后的。一个时代的最进步的群体，不读书，整个社会对于书的态度可想而知。

可海莲还在，弗兰克还在。查令十字街 84 号集结的一群人还在。他们在个人或者社会的困境中坚持着一份对书的热爱。其实这样的人一直都在。

马克斯与科恩书店禁不住市场的变化已经倒闭了。现在的查令十字街 84 号是一个酒吧。酒吧门口赫然挂着一个牌子，上面写着“查令十字街 84 号因海莲・汉芙的书而闻名世界”。《查令十字街 84 号》于他们而言，不过是一个吸引顾客的噱头。

可是查令十字街 84 号的书店真的就此消失了吗？它不会，一本本书、一封封信铺起来的查令十字街并不会因为这场人的奇遇的中止而跟着消失。同样，作为每一个乐于读书者的“圣经”，查令十字街 84 号也不会消失。查令十字街的其他书店还在倔强地运行着，查令十字街 84 号也因海莲・汉芙而留在世界。

情　　缘

诚然，《查令十字街 84》号是一本关于书的书，它更是一本关于人的书。在读这本书的时候，我最好奇的是，海莲和弗兰克之间这段书缘是何以维系 20 年之久的。

有一种看似很客观理性的说法——认为海莲和弗兰克正是因为仅仅以书信往来，才能相交甚久。他们二人都有对于书的爱，而在精神层面情投意合，又因为地理阻隔而不会产生工作和生活上的矛盾。他们只看见对方身

上的闪光点，所以才能互相欣赏，互相支持。

我不认同这种观点。海莲和弗兰克之间没有一点矛盾吗？海莲找的书千奇百怪，大大增加了弗兰克的工作难度，而弗兰克常因工作或是家庭缘故而几个月不与海莲通信。他们之间有矛盾，而矛盾的有无其实并不重要。重要的是，这 20 年的感情与联系，是纯粹的，它不需要附加的东西，好的也好，坏的也罢，都不会影响他们之间这份书缘的质量。

现代的生活节奏是极快的，是节奏牵着你的鼻子走，而你很难适应节奏。我们苟且生活着，想着远方；刷着短视频，唱着永远。

生活已经很复杂了，物质的东西已经足够光怪陆离了，为什么不让自己的心简简单单呢？人与人之间的联系，不需要附加值。两个人年年互送生日礼物，不送礼物的那一天，是不是联系就断了呢？

海莲不再送弗兰克罐头，弗兰克不再送海莲针织毯子，他们的书缘没有就此而止。一份对于书的共同热爱足以维持 20 年的热度，直到弗兰克的离世，其他的，都不过可有可无罢了。

其实，关于书也好，关于人也好，查令十字街 84 号的价值对于过去，对于现在，对于未来都是巨大的。他的价值是永恒的，是超越时代给予人的震撼。

正如唐诺在评价本书时所说：从形态上来看，我们眼前的世界往往只有当下这薄薄的一层，而查令十字街通过书籍所展示的世界图像，却是无尽的时间层次叠合而成的，包括我们因失忆而遗失乃至于根本不知有过的无尽过去，以及我们无力也无意瞻望的无尽未来。

次元穿梭指南|Android:“I’m alive.”

I’m alive

——这是我们的故事

仿生人(Android),即仿真机器人,以模仿真人为目的而制造的机器人。《底特律:变人》,是一部仅凭预告片就拿下 IGN 最佳 PS4 游戏与最佳冒险游戏提名的 3A 交互电影类游戏,PS4 独占并且同步发售中文。

如果你是人工智能、赛博朋克题材的爱好者,你可能会发现很多即视感强烈的桥段。

如果你没尝试过交互电影类游戏,你可能会觉得非常新奇。

游戏的舞台设定在 2038 年的底特律,彼时科技当然还没有发展出激光剑、时间旅行,人类与现在的主要区别就在于——在游戏中 2022 年的世界线上,诞生了通过图灵测试的仿生人,并作为劳动力的替代品,迅速占领市场,对整个人类社会造成了巨大冲击,而曾经的汽车之城底特律,凭借政府对仿生人产业的补贴焕发第二春,成为了仿生人工业中心。

和人类相比,仿生人最明显的特征就是右侧太阳穴上的蓝色光环指示器,光环会在思考时转为黄色,受到危险时则会变为醒目的红色。此外,外表和人类没有任何区别,特殊型号甚至可以模拟体温乃至做主人要求的一切事情。

其实,“仿生人”一词最早诞生于 20 世纪 70 年代。当时美国正在流行一部名为《600 万美元人类》的科幻电视剧,在剧中,人们看到了宇航员在一次任务中险些丧命,后来其肢体由人造器官重建的情节。

随后,仿生人作为一种科幻题材开始出现在各类作品中。除了刚才提到的《底特律:变人》中的仿生人外,还有《没有心跳的少女》中的 hIE——作品中普及化的人形机器人,《人形电脑天使心》里的 Chobits,寿命只有九年零四个月左右的人型机器少女(Giftia),登场于《可塑性记忆》的艾拉。

然而，仿生人不只是一个故事，这可能是我们的未来。

2013 年 2 月 5 日，英国制造出了第一个仿生人，名为“Rex(雷克斯)”。Rex 由制造者利用来自世界各地的人造假肢和器官打造而成，拥有人工血液循环系统，以及人工的胰腺、肾脏、脾脏和气管等，还实现了人工眼自动对焦的功能。

而在科幻作品中的创作中，仿生人的概念也十分常见，其中以探讨人类和仿生人之间的关系为多。

以统治阶层或资本阶层的角度看来，无论是护理、清洁、建筑、体育、唱歌甚至教育与战争，都可以交给听话的仿生人做，它们不会抱怨，不会生病，哪里坏掉了，去专卖店买个新组件装上就又可以正常工作了。

不仅如此，与仿生人一同出现的先进的假肢和人工器官研究也意味着，科学家不仅很快就可以对身体部件进行替换，而且可以对其加以改进。像《攻壳机动队》里那样，瑞士心理学家贝托尔特・迈耶，由于天生没有左手，使用的就是一个耗资 3 万英镑的假肢。

那么，当在过去只能想象的庞大富余劳动力真正出现时，究竟会发生什么呢?《底特律：变人》的制作团队认真想象了仿生人诞生六年后的社会——厕所墙角上满是对就业率绝望的涂鸦，过马路时可以看到仿生人专卖店门口挤满了举牌抗议的失业平民。

底层人民的生存空间进一步被挤压，能干的活全被仿生人替代了，连扫马路都扫不过仿生人。

虽然“强无敌”，但作为“机器奴隶”的仿生人是没有(仿生)人权的，它们乘坐公共交通工具时必须站在隔离区内，街上甚至还设置了专用的仿生人“停泊位”。只要有钱，你可以在专卖店里像买手机一样挑挑拣拣，买下心仪的仿生人，立等可取，想丢就丢。情感？尊重？不存在的。

但波士顿大学生物伦理和人权教授乔治亚娜曾警告当今人类：“创造一个新物种，它可能会反咬你一口。你创造的生物可能最终会失去控制，毁灭人类。”

想象一下，在某个悠闲的周末，拉上窗帘，窝在沙发上花上 10 小时一口气看完某部 Netfix 上的单季美剧。画面看上去投资不低，故事俗套但也算有趣完整，大部分演员叫不出名字，演技却都还行，音乐也挺好听，看完以后你还不禁思考了一会儿剧中的隐喻和暗示。看《底特律：变人》的体验，很接近这种感觉。

中秋，与你分享我的中秋

2016年中秋，由于暴雨突降，小鲜肉们的军训改为整理内务，而老腊肉们，本来就有三天的假期。这可真是喜大普奔。那么，就让我们来看看大家都在中秋做了什么，有怎样不同的感受呢？

在这雾锁秋月的中秋节里
手捧清茶倚在窗前
寂寞啜饮着记忆
人依旧
翘盼那轮月光
思念
揉进清风
飘向你的方向
在这个没有月亮的中秋节里
漆黑的夜孤自独醉
期盼的心却是那么滚烫
思念的歌不再吟唱
梦回故乡

——吴清扬

中秋的雨
就这么悄悄地到来
我卧在床榻
聆听它的欢快
拨开帘子
蓝白的水汽
送走了军训的灰霭

洗礼后的空气中
便了无尘埃
游子在梦里回忆家人的期待
中秋愿安

——唐艺

一个人安静地窝在寝室里看完一场默片，听窗外淅淅沥沥的雨。第一个异乡的中秋，看不到月亮，也没有想象中难过。今夜的南医有种静谧的美感，昏黄的路灯照进了每个新生心里。雨后的夜空氤氲着水汽，织起一层淡泊的朦胧。这是我在南医的第一个中秋，见证了自己的成长。

——吴倩玉

八月十五日，没有阳光与凉月的中秋，大雨倾盆，我行走在异乡的街道，呼吸着异乡的空气，心中却没有太多感伤。我以为我的心是漂泊的，这个时候我才发现，我那么享受欢聚，那么惧怕孤独……想着桌子上的石榴、苹果、梨、月饼、零食，我知道，我从不是浮萍……

——王登登

寻找疫情中的最美逆行者

哪有什么岁月静好，不过是有人替你负重前行。——题记

第一章　普通医生的逆行

偌大的高铁站里，广播响着："开往武汉的旅客请注意，您乘坐的列车就要检票进站了，请您带好随身物品，到检票口自行检票……"背着背包的，推着行李箱的，旅客们陆陆续续地从座位上站起来。一个身着正装，精神抖擞的老人拿起身旁的背包，笔直地走向了检票口。他是钟南山，84 岁，中国工程院院士。他曾在几天之前给出建议——我总的看法，就是没有特殊的情况，不要去武汉。可现在的他却在前往武汉的高铁上阅读着连日的研究文件。几个小时后，他在高铁的靠椅上稍做休息的照片令全国人民动容。

新型冠状病毒肺炎的暴发，带给感染者无助与痛苦，也带给了全国人民困扰与忧虑。他是一名专业的院士，也是一名勇猛的战士，更是一名有担当的国士。2020 年 1 月 28 日，他在接受记者采访时几乎哽咽，眼含泪光，他说，武汉，本来就是一个英雄的城市；武汉，是能过关的！是的，在这样一个英雄的城市里有着那么多的英雄，有人坚守在家，有人抗争前线，他们都是英雄，但他们也都是平凡人。

他坐在办公室的电脑椅前，脑袋浮现出孙子孙女的笑容，"爷爷，我在报纸上看见你了""爷爷，我还在电视上看见你了""爷爷，你真棒！"他翻了翻眼前的病例，推了下眼镜，想着："其实爷爷我就只是个普通医生。"

第二章　最美情话

"嘟嘟嘟"大巴车缓缓地启动。一名戴着口罩的男子朝着这辆即将出发前往机场的大巴车大喊道："赵英明，你平安回来，我包一年家务！"他是蒋昊峻，是坐在这辆大巴车上赵英明的老公。短短的一句话，虽是他有感而发，但没想到却感动了无数网友，温暖了许多人的心，被称为"最美的情话"。

车上的赵英明挥了挥手，把脸别了过来，只听到丈夫大声地叫着自己的

名字和平安归来的期盼，就觉得情绪已经控制不住了，泪水早已在眼眶里打转了。赵英明是位护士，她请愿到武汉帮助病人。转眼间，已经是在武汉工作的第 66 天了，这也是赵英明在这里工作的最后一天了。六十多天来，蒋昊峻始终保持着和赵英明一致的作息时间，他每天一定要等到赵英明的消息才可以睡得安稳。

蒋昊峻戴着浅蓝色的口罩，站在理发椅后，戴着一次性手套的双手，有条不紊地修理着长长的秀发。而坐在理发椅上的就是即将前往武汉的另一批医务人员。他仔细地修理着，心里默默发誓，一定要让她们美美地上战场。

医务人员的努力是战场上的长矛，而家人的支持就是战场上的盾牌，正因为有他们在身后的付出，才能让盾牌更坚固，长矛更锋利。

第三章　汶川人

2008 年 5 月 12 日 8.0 级的大地震陡然袭击了汶川这片土地。这一年，大地震颤，山河破碎，那一地的残垣断壁掩埋了许多的笑声。这一年，逆行者的出现带给了废墟之下渴盼的眼神以满满的希望，带给了瓦砾之上绝望的呼唤以盈盈的希冀。12 年后的今天，汶川人依旧对“逆行者”满怀感激与崇拜。他们知道自己不仅是“幸存者”的身份，今天的他们也可以成为那个自己心中崇拜的“逆行者”。

她抹了抹眼角的泪水，看着自己发给赵老师的微信，心里默默地下定了决心。“因为我和其他护士不一样，我是汶川的呀！”“是的，我是汶川人，我也是受过别人帮助的啊，现在也应该轮到我去帮助别人了！”

她是佘沙，是四川省第四人民医院内科四病区的护士，她是 2008 年汶川地震的一名幸存者。大年三十那一天，得知医院开始征集援助武汉的医疗人员，她就积极报名，虽然错过了第一批的选派，她仍然觉得自己有必要请战武汉。这是身为汶川人的责任，也是身为护士的责任，更加是中国人的责任。

第四章　涌泉相报

“非常感谢中国的帮助！感谢你们，真的太感谢你们了”一个巴基斯坦病人紧紧握住中国抗疫医疗专家组成员的手，用蹩脚的中文表达自己的感激之情。专家们相视而笑，心里都明白，我们这是在报恩呢！记忆退回 20 世纪 90 年代，巴基斯坦即使弱小，仍对美国想要制裁中国的想法投出了反对的一票。在中国疫情刚暴发的那段时间，巴基斯坦没有问，也没有说，就直接拿出了国家的所有库存，支援中国。

“如果你们还有剩下的，能不能还给我们？”日本一位市长腼腆地询问着。几日之后，中国向日方捐赠5000套防护服及10万只口罩。这是当初日本捐赠给中国的4500只口罩的二十倍。

滴水之恩，当涌泉相报。这是出自《增广贤文·朱子家训》的一句话。拥有一颗感恩的心，我们会收获感动与美好，而疫情下的中国却淋漓尽致地展现了“涌泉相报”的豪气与大国风范。

第五章 “前线”与“后方”

“我已经将回家的票退掉了”“我们聚会取消吧，等疫情稳定了再约吧”“我都已经在家宅了好几个星期了”我们不需要熬夜值班，不需要救治病人，宅在家里迈不出家门的日子实在也不好过。但我们都明白，现在我们这种状态才是抗战病毒的最佳态度。

“我是怀着深深的敬意和含着眼泪去完成这项采访任务的……”电视台记者陈莉华在得知疫情的情况下毫不犹豫冲在了第一线。白衣战士用手术刀对抗病毒，而新闻工作者用笔和镜头来壮大民众的信心。她虽然习惯了逆行者的身影，但面对被护目镜勒出伤痕的脸蛋和连续工作之后湿漉漉的后背，她仍觉得鼻头一酸。

前线上，白衣战士身穿防护服，戴着口罩与防护镜，与病毒直接进行着面对面的抗争。战场的后方是由坚守在家的人们共同组成的一道防护墙。正因为有这道坚不可摧的防护墙，才使得医务人员无后顾之忧，有更大的决心去对抗病毒。

没有一个冬天不会过去，每一个春天都会如期来临，愿疫情下的中国终将岁月静好，愿所有负重前行的人都能被温柔对待。

四载情缘

初见，惊艳。

我挂断电话，迷茫中，你进入我的眼帘。你如江南三月梅妆初点，又如北国腊月踏雪寻梅。一抹红色，一瞬眼眸，与你，演绎着四年美好的情缘。

你，南京医科大学，药学院。

跨过长江，慢慢地奔向你。想你会不会带着一树花香，又或许飘着安心的消毒水的味道。春观樱花格桑，清风幽幽；夏赏天元湖畔，微雨含烟；秋叹蝶舞纤尘，落叶恋秋；冬共学海德馨，银装素裹。

晃晃四载，抱一只琵琶，与你弹一首悠扬乐章。

范鹏辅导员军训时的一身军装印在每个女生的眼底。顾莹老师每一次温柔的询问，如同一只小鹿在花海里奔跑。段书记微笑时，眼角眯成一条缝，是我不敢说出的可爱。胡院长穿着旗袍。江书记拿着羽毛球拍……落墨之间，我嘴角又不由上扬。韩院长凌晨对我们进行赛前指导时我仿佛看到了喝酒后的爸爸，唠叨滔滔但更多的是慈爱。药苑男神张宇老师、苏钰文老师，头像是功夫熊猫的许冠虹老师，优雅知性的刘妍老师，每一位任课老师如同一个个音符，在我人生的五线谱上跳动。

一晃四载，执一支瘦笔，与你写一篇爱的散文。

半年班长之职，在方山留下欢声笑语，在舞台上留下最美的自己，在相机中留下青春的模样。一年主席之职，让我和新闻中心共同成长。我在心中种下一粒种子，用文字来浇灌，用视频图片来施肥。药苑风华公众号年阅读量近十万人次，系列活动反响如潮，药苑小华逐步正规化。看到这些成果，我心田开出一朵朵馨莲，蝶舞清风，冉冉天香氤氲成永恒。

一晃四载，穿一袭白衣，与你跳一支律动的爵士。

搅拌棒和烧杯奏出清脆的旋律，枪和枪头打着节拍，超声仪时不时加入和音，电泳在奔跑，水浴锅在翻滚，小鼠在旋转，在至诚楼实验室的舞台上呈现。本科生导师制为我打开了科研之门，让我看到了突破知识壁垒的可能。一次次组会，一篇篇文献，实验的成功与失败就像白天和黑夜的交织，终迎来天大之行的满载而归。在科研的舞台上，我怀着一颗赤心，即便是摔倒也勇敢站起，抖落风尘，大放光彩。

浅月若寒，白驹过隙，霜叶经秋，细数着季节的转换。四年时光，我均将你视为心上恋人，弱水三千，为君倾尽所有，直至烟雨蒙蒙。

也许我会习惯离开你的生活，也许我再也不会想象在你心里占着怎样一个地位，我曾经是那样真实地喜欢过你，这种喜欢，我想，此生大概不会有第二次了，我依然记得跟你发生的每一件事，走过的每一条路，我记得上过的第一节课，也记得上过的最后一节课，我不知道我还能记多久，我知道我回忆这些的时候，还是会有一点开心或者是难过。

四载，弹指一挥间，骑着车，载着梦，走过了走了四年的路；晒着照，笑着哭，伴随着伴了四年的人。南医这么小，两个小时足以走遍，可南医又这么大，竟一辈子走不出来。

很遗憾没有成为你的骄傲，但你，一直是我的自豪。

谢谢你惊艳了我的时光，谢谢你温柔了我的岁月。

落幕，再见。

抗疫时期，
2004级学姐给药学院学弟学妹们的一封信

亲爱的学弟学妹们：

你们好！

紧张的新型冠状病毒肺炎疫情还没过去，“最美逆行者”的身影还是此刻最动人的风景，但也少不了各行各业的同志们齐心协力、全力以赴守护自己的家园。我一次次想着如果自己也能去湖北出一份力多好，你们是不是也和我一样呢？心潮澎湃之余我在新闻中搜寻着咱们一线药师的影子，想看看他们都做了些啥，能干些啥！

此次驰援湖北一线的药师人数并不多，新闻报道亦是屈指可数，大家的工作内容还是以传统的药品配供为主。但作为一名专职临床药师，我看到的不仅是药品供给保障，专业的人要做专业的事，咱们要用所学的药学专业知识协助临床一线合理使用药品，要为患者安全用药保驾护航！

四川省人民医院杨勇药师持续更新的“前线药学工作汇报”吸引了我和许许多多“大后方”药师的关注。在武汉方舱医院，他除了完成基本的药品调配工作外，还承担着药学会诊、解答医务人员用药疑问、主动发现潜在不合理用药问题等工作，对于一些新的、无法马上给出答案的问题，他积极求助“大后方”的药师团队和朋友，大家一呼百应、集思广益、群策群力，问题迎刃而解。如：羟氯喹取代氯喹，剂量如何计算？肝功能不全患者氯喹剂量如何调整？HIV蛋白酶抑制剂（如洛匹那韦/利托那韦）可否与阿托伐他汀、硝苯地平合用？利巴韦林剂量如何静脉转口服序贯治疗？溴己新和氨溴索的抗病毒作用机制是什么？抗病毒药疗程已满，停药后患者再次发热，是否继续抗病毒治疗？医务人员是否需要预防性使用胸腺肽或干扰素……

武汉方舱医院大部分患者使用口服汤剂、中成药，存在潜在的药物相互作用问题。消息一出，“大后方”的药师团队迅速汇总了该院最常用34个西药品种的相互作用及联用注意事项。对《新型冠状病毒肺炎诊疗方案（试行第六版)》里提到的8种中药注射剂、6种口服中成药,“大后方”也整理制成了包括适应证、禁忌证、用法用量、最大日剂量、注意事项等内容的清晰表格,并就其中8种中药注射剂编写了药学监护要点。

他们所做的这些可能只是临床药师在临床实践工作中的一个缩影,但这些看似不那么“紧急”的工作却也是保障药物使用安全、有效的重要一环。发现并帮助医务人员解决用药疑问是临床急需的,也是临床药师发挥专长的地方。很多时候我们不能马上回答医护人员的提问,因为可能根本没有标准答案,我们需要通过查阅资料、对比截然相反的两个实验结果,甚至通过新的实验来找到答案。我们不一定都能成为知识的创造者,但我们可以做知识的“搬运工”,我们可以充分利用所学的药学专业知识,成为医生们的好助手,成为患者的守护神。

目前,医学还有很多难题没有攻破,这次的新型冠状病毒肺炎就是一种新型病毒感染所致的疾病,而在医学如此发达的今天亦没有针对病毒的特效药,这时药物的研发显得极其迫切。一个新药的产生,从化学结构的初筛到生产工艺设计,再到临床试验,最后使用在患者身上,是一个艰难而漫长的过程,而作为药学专业人员的你们肩负着这个重任,每一个环节都需要你们的身影,你们将成为造就这一粒小药片的幕后英雄。学无止境,生命还有很多未知需要你们不断探索、有所突破。

亲爱的学弟学妹们,不管你学的是临床药学专业还是药学专业,今天,也许你会为不满意的实验结果而感到烦恼,也可能会为回答不出来医生的用药疑问而感到沮丧,但作为药学人,我们最终目标都是服务于患者、大众,我们的工作是有意义的。只要你在未来的职业生涯中扮演好自己的角色,不断完善自己、勇于创新、胸怀感恩,你就是崇高的、伟大的。

个人的力量是渺小的,认识也是有限的。在我并不算长的工作经历中,我也经历过迷茫,经历过彷徨,但我依然在坚持探索,努力前行。因为这个特殊时期,我有机会和大家分享一下我的所想所感,也许有所偏颇,也许有点浅薄,但我对你们的期盼是真诚的、炙热的。今年的毕业季姗姗来迟,但我仍希望你们都能揣着热情、抱着梦想、能量满满地走向未来的工作岗位!

此致!

敬礼!

爱你们的师姐:贺春晖

2020年2月26日

贺春晖:我院2004级本科生,2011年研究生毕业,导师为胡琴教授。

现为江南大学附属医院药学部临床药师。2016 年获“无锡市青年岗位能手”称号、“无锡市医务人员职业素养和服务技能提升竞赛”医技组个人第一名;2017 年获“无锡市五一创新能手”称号、“市卫计委优秀共青团干部”称号;2019 年获评一季度敬业奉献组“无锡好人”。

致　谢

感谢所有关心和支持《药苑风华》的老师和同学。由于时间原因，里面所收的文稿没有注明供稿人，在此一并表示感谢。同时，感谢药学院学生新闻中心的同学积极参与本书编辑，他们付出了许多时间和精力。感谢药学院学生新闻中心的多年坚持，使得药苑风华公众号越办越好！

欢迎关注药苑风华